Hesse/Schrader
**Bewerbungs-
strategien
für Angestellte**

Hesse/Schrader
Bewerbungs-strategien für Angestellte

Erfolgreich schriftlich bewerben und im Vorstellungsgespräch überzeugen

Eichborn.

Die Autoren

Jürgen Hesse, Jg. 1951, Diplompsychologe im Büro für Berufsstrategie, Geschäftsführer der Telefonseelsorge Berlin e.V.
Hans Christian Schrader, Jg. 1952, Diplompsychologe am Krankenhaus am Urban (Abt. Psychotherapie/Psychosomatik) in Berlin.
Diverse gemeinsame Veröffentlichungen, u. a.: *Das neue Test-Trainings-Programm; Neue Bewerbungsstrategien für Hochschulabsolventen; Die perfekte Bewerbungsmappe; Bewerbungsstrategien für Frauen; Assessment Center; Krieg im Büro; Die Neurosen der Chefs; VERDIENEN SIE SOVIEL, WIE SIE VERDIENEN? (alle im Eichborn Verlag)*

Anschrift der Autoren
Jürgen Hesse/
Hans Christian Schrader
c/o Eichborn Verlag
Kaiserstr. 66
60329 Frankfurt a.M.

oder direkt an
Hesse/Schrader
Büro für Berufsstrategie
Stubenrauchstr. 10
12161 Berlin (Friedenau)
Tel. 0 30 - 8 51 92 06
Fax 0 30 - 8 51 92 61

Umschlaggestaltung: Christina Hucke
Lektorat: Waltraud Berz
Gesamtproduktion: Fuldaer Verlagsanstalt GmbH, Fulda
ISBN 3-8218-1407-1

Verlagsverzeichnis schickt gern:
Eichborn Verlag, Kaiserstr. 66, D-60329 Frankfurt am Main
http://www.eichborn.de

Inhalt

Fastreader

Übersicht für eilige Leser

Dieses Buch vermittelt Ihnen das aktuelle Spezialwissen für Ihre überzeugende und damit erfolgreiche Bewerbung. Detaillierte Hintergrundinformationen, Beispiele und Anregungen aus der Praxis zeigen, worauf es wirklich ankommt, damit erstens Ihre Bewerbungsunterlagen beim Personalchef gut ankommen und zweitens Sie im Vorstellungsgespräch beeindrucken und gewinnen.

Es geht um
- die richtige Vorbereitung auf Ihr Vorhaben (S. 12)
- das Interesse auslösende Bewerbungsanschreiben (S. 36)
- die überzeugende Lebenslaufdarstellung (S. 50)
- die optimal für Sie sprechenden Anlagen (S. 63)
- die beeindruckende Präsentation Ihrer Unterlagen (S. 80)

Außerdem erfahren Sie
- wie hilfreich das Telefon bei der Bewerbung sein kann (S. 30)
- wie Sie sich absolut überzeugend auf und von einer »dritten Seite« präsentieren (S. 59)
- wie es Ihnen gelingen kann, ein Absageschreiben in eine Einladung zum Vorstellungsgespräch umzuwandeln (S. 110)

Als Berater in der täglichen Bewerbungspraxis wissen wir, was Sie weiterbringt, und Sie werden schnell merken, was dieses Buch von anderen mit ähnlichem Thema ganz wesentlich unterscheidet: Wir zeigen Ihnen den kompletten von Arbeitgeberseite verwendeten Fragenkatalog und geben Ihnen konkrete Orientierungs- und Bewältigungshilfen für die Prüfungssituation Vorstellungsgespräch.

Wir informieren über:
- die zehn Phasen des Vorstellungsgesprächs
- die von Arbeitgebern verwendeten Fragen, Hintergrund der Fragen, Strategien für die Antwort
- Gehaltsverhandlung
- Umgang mit unangenehmen Fragen
- und die wichtigsten Aspekte zur Rhetorik und Psychologie der Gesprächsführung.

Oder wüßten Sie auf folgende Fragen spontan das Richtige zu antworten?
- Was spricht gegen Sie als Bewerber für diesen Arbeitsplatz?
- Was war Ihr größter Mißerfolg?
- Was müssen Sie alles noch lernen?
- Was sind Ihrer Meinung nach die größten Mißstände in der Welt, in unserem Land, in Ihrer Stadt, in Ihrer jetzigen Firma?

Mit diesem Bewerbungsratgeber sind Sie besser vorbereitet als Ihr Gegenüber.

Vorbemerkung

Herzlichen Glückwunsch!

Mit der Lektüre dieses Buches investieren Sie in Ihre berufliche Zukunft. Kein Arbeitsplatz wird ohne vorherige Bewerbung vergeben. Und Sie sind gerade dabei, sich spezielles Fachwissen darüber anzueignen, wie eine solche BeWerbung in eigener Sache aussehen sollte. Betrachten Sie also dieses Buch als eine Hilfe bei Ihrer Berufs- und Karriereplanung, besonders aber als Mittel, sich positiv aus der Vielzahl der Bewerber hervorzuheben. An Sie richtet sich das Buch: Die Angestellte/den Angestellten zwischen Anfang 20 und Mitte 50, qualifiziert ausgebildet, mit ausreichender Berufserfahrung und einem Jahreseinkommen zwischen etwa 40.000 und bis zu knapp unter 100.000 Mark.

Um beruflich voranzukommen, benötigen Sie Spezialwissen für den Augenblick, in dem Sie sich und Ihre Leistung präsentieren müssen. Dieses Buch verhilft Ihnen zu einer erfolgreichen Bewerbungsstrategie, verrät Ihnen alle Tricks und Kniffe.

Zunächst aber gilt es, die notwendigen Vorüberlegungen zu treffen: Dinge zu verdeutlichen und abzuklären, die für Ihre Bewerbung relevant sind. In einem zweiten Schritt müssen dann konkrete Vorbereitungen getroffen werden, die unerläßlich sind, bevor Sie Ihr Bewerbungsanschreiben und Ihren Lebenslauf formulieren können.

Wir wollen Ihnen helfen, Ihr Ziel zu erreichen: aufgrund von bestechenden Bewerbungsunterlagen und einem überzeugenden Auftreten im Vorstellungsgespräch die- oder derjenige zu sein, die/der den Arbeitsplatz bekommt.

Auf die Vorbereitung kommt es an

Wohlüberlegt wählen

Die richtige Vorbereitung ist der eigentliche Erfolgsschlüssel für Ihr Ziel, den gewünschten Arbeitsplatz zu »erobern«. Immer wieder von Bewerbern unterschätzt, werden bereits in der Vorbereitungsphase die entscheidenden Weichen gestellt: Abstellgleis oder »roter Teppich«.

Die entscheidende Weichenstellung

Sich richtig bewerben heißt, optimal für sein persönliches Anliegen zu werben: sich bestmöglich darstellen, um auf den künftigen Arbeitgeber einen guten Eindruck zu machen, um Sympathie zu erwecken.

Haben Sie einmal darüber nachgedacht, wieviel Zeit Sie am Arbeitsplatz verbringen? Es sind 60–80.000 Stunden, fast ein Drittel Ihres Lebens. Dennoch bringen die meisten Menschen bei der Wahl des Arbeitsplatzes nicht einmal einen Bruchteil der Sorgfalt und Überlegung auf, die sie bei der Wahl ihres Partners selbstverständlich einsetzen.

Nun werden Sie vielleicht einwenden, daß man in wirtschaftlich schwierigen Zeiten keine Wahl hat. Dennoch sollten Sie wählerisch sein, das heißt Ihre eigenen Maßstäbe erkennen und anlegen. Wenn Sie dann unter ungünstigen Umständen Kompromisse machen müssen, können Sie diese bewußt und ggf. (natürlich ohne Wissen des Übergangsarbeitgebers) befristet eingehen.

In diesem Buch vermitteln wir Ihnen sehr detailliert, welches Bewerberverhalten die größten Erfolgsaussichten hat. Fundierte Kenntnisse über das Bewerbungsritual erhöhen Ihre Chancen.

Dabei sollten Sie aber nie vergessen, daß sich auch der potentielle Arbeitgeber in einer Bewerbungssituation befindet und sich um Sie als zukünftigen Mitarbeiter angemessen bemühen muß. Sollten Sie bei der ersten Kontaktaufnahme und im weiteren Verlauf des Bewerbungsverfahrens Defizite erkennen, berücksichtigen und bedenken Sie diese bei *Ihrer* Auswahlentscheidung genau: Ist der Arbeitsplatz bei einem solchen Unternehmen wirklich für Sie der richtige?

Verlorene Zeit

Zu viel Enttäuschung, Leid und Ungemach kann auf Sie zukommen und kostbare Lebenszeit unwiederbringlich verlorengehen, wenn Vorgesetzte, Kollegen oder Mitarbeiter für Sie nicht die richtigen Partner sind.

Die meisten Arbeitsplatzanbieter geben sich große Mühe, für ihr Unternehmen geeignete Mitarbeiter einzustellen. Viele Arbeitnehmer dagegen scheinen mehr Zeit und Geld für die Wahl eines günstigen Gebrauchtwagens zu investieren, als sich kritische Gedanken bei der Auswahl ihres Arbeitsplatzes und Arbeitgebers zu machen.

Investieren Sie Ihre Lebensarbeitszeit sinnvoll und klug. Sie ist begrenzt.

Die entscheidenden W-Fragen

Dieser Abschnitt soll Ihnen helfen, sich selbst richtig einzuschätzen und Ihren persönlichen Standort zu bestimmen. Dafür sollten Sie sich Zeit nehmen und die angebotenen Übungen sorgfältig durchführen. Es zahlt sich aus, wenn Sie über sich Bescheid wissen und Ihre persönlichen Stärken und Schwächen gut kennen.

Selbstanalyse

Zur eigenen Standortbestimmung eignen sich folgende Fragen:
- Was liegt hinter Ihnen?
- Wie schätzen Sie sich und Ihre Fähigkeiten ein?
- Wie sieht die aktuelle Situation aus, mit der Sie sich auseinandersetzen müssen? (Neueinstieg, Wechsel, Aufstieg, Wiedereinstieg etc.)

An vier elementaren Fragen kommen Sie nicht vorbei:
1. Was für ein Mensch bin ich?
2. Was kann ich?
3. Was will ich?
4. Was ist möglich?

1. Was für ein Mensch bin ich?

Charakteristika

Benennen Sie zum Einstieg in diesen Fragenkomplex innerhalb einer Minute spontan drei Adjektive, die wichtige Merkmale Ihrer Persönlichkeit zutreffend charakterisieren (am besten gleich hier aufschreiben).

Ich bin:
1. ....
2. ....
3. ....

Bitte lesen Sie nicht weiter, bis Sie sich für die auf Sie zutreffenden Adjektive entschieden und diese zu Papier gebracht haben.

Gar nicht so einfach... Sind Sie mit Ihrer Wahl zufrieden? Beschreiben diese Adjektive wirklich zentrale Eigenschaften Ihrer Persönlichkeit? Und können Sie sich einer anderen Person mit dieser spontanen Auswahl stimmig präsentieren?

Für die Selbsteinschätzung haben wir eine umfangreiche Liste von Persönlichkeitsmerkmalen zusammengestellt. Wenn Sie sich über die Frage »Was für ein Mensch bin ich?« detailliert Gedanken gemacht haben, werden Sie merken, daß sich Ihre psychische Ausgangsposition festigt und Sie besser wissen, was beruflich zu Ihnen paßt und was nicht. Denken Sie daran: Sie müssen bei dieser Selbstbeurteilungsliste nicht um jeden Preis gut abschneiden wollen und sich niemandem gegenüber rechtfertigen. Es geht allein um Ihre persönliche Einschätzung.

Selbstwahrnehmung versus Fremdwahrnehmung

In einem zweiten Schritt können Sie später eine (oder mehrere) Person(en) Ihres Vertrauens bitten, die (zuvor kopierte) Seite ebenfalls auszufüllen, und zwar hinsichtlich der Einschätzung, die diese Person von Ihnen hat. Der Vergleich beider Ergebnisse liefert Ihnen interessante Aufschlüsse über mögliche Differenzen von Selbst- und Fremdwahrnehmung.

Vielleicht wirken Sie viel furchtloser, als Sie sind. Oder Sie wähnen sich als nicht besonders ordentlich, werden aber als durchaus gut organisiert wahrgenommen. Wenn Ihnen das übertrieben erscheint, warten Sie ab: Sicherlich erleben Sie ein paar kleine Überraschungen. Für eine realistische Einschätzung bilden Sie hinterher einen Mittelwert. Nun aber erst einmal zu Ihrer Selbstbeurteilung:

Selbsteinschätzung

Um die Ausprägung einzelner Eigenschaften besser einschätzen zu können, gibt es für jedes Adjektiv eine Skala von +3 (stark ausgeprägt) bis –3 (kaum vorhanden).

Wie schätzen Sie sich ein? Kreuzen Sie bei jeder Eigenschaft an, wie ausgeprägt diese Ihrer Meinung nach bei Ihnen ist:

+3 = sehr stark ausgeprägt
+2 = deutlich ausgeprägt
+1 = ausgeprägt
0 = teils/teils
–1 = weniger ausgeprägt
–2 = schwach ausgeprägt
–3 = sehr schwach ausgeprägt

sympathisch	+3	+2	+1	0	-1	-2	-3
vertrauenswürdig	+3	+2	+1	0	-1	-2	-3
vorsichtig	+3	+2	+1	0	-1	-2	-3
lernbereit	+3	+2	+1	0	-1	-2	-3
lernfähig	+3	+2	+1	0	-1	-2	-3
vertrauensvoll	+3	+2	+1	0	-1	-2	-3
leistungsorientiert	+3	+2	+1	0	-1	-2	-3
sorgfältig	+3	+2	+1	0	-1	-2	-3
aufgeschlossen	+3	+2	+1	0	-1	-2	-3
belastbar	+3	+2	+1	0	-1	-2	-3
ausdauernd	+3	+2	+1	0	-1	-2	-3
zufrieden	+3	+2	+1	0	-1	-2	-3
aggressiv	+3	+2	+1	0	-1	-2	-3
konformistisch	+3	+2	+1	0	-1	-2	-3
dominant	+3	+2	+1	0	-1	-2	-3
gerecht	+3	+2	+1	0	-1	-2	-3
verläßlich	+3	+2	+1	0	-1	-2	-3
wankelmütig	+3	+2	+1	0	-1	-2	-3
zielstrebig	+3	+2	+1	0	-1	-2	-3
geduldig	+3	+2	+1	0	-1	-2	-3
gehemmt	+3	+2	+1	0	-1	-2	-3
vital	+3	+2	+1	0	-1	-2	-3
zweifelnd	+3	+2	+1	0	-1	-2	-3
kompetent	+3	+2	+1	0	-1	-2	-3
flexibel	+3	+2	+1	0	-1	-2	-3
aktiv	+3	+2	+1	0	-1	-2	-3
wagemutig	+3	+2	+1	0	-1	-2	-3
gefühlsbetont	+3	+2	+1	0	-1	-2	-3
anspruchsvoll	+3	+2	+1	0	-1	-2	-3
passiv	+3	+2	+1	0	-1	-2	-3
liebenswert	+3	+2	+1	0	-1	-2	-3
gefühlsorientiert	+3	+2	+1	0	-1	-2	-3
impulsiv	+3	+2	+1	0	-1	-2	-3
durchsetzungsfähig	+3	+2	+1	0	-1	-2	-3
furchtsam	+3	+2	+1	0	-1	-2	-3
sachorientiert	+3	+2	+1	0	-1	-2	-3
fordernd	+3	+2	+1	0	-1	-2	-3
höflich	+3	+2	+1	0	-1	-2	-3
autoritär	+3	+2	+1	0	-1	-2	-3
pflichtbewußt	+3	+2	+1	0	-1	-2	-3

verantwortungsbewußt	+3	+2	+1	0	-1	-2	-3
zuverlässig	+3	+2	+1	0	-1	-2	-3
freundlich	+3	+2	+1	0	-1	-2	-3
glücklich	+3	+2	+1	0	-1	-2	-3
nervös	+3	+2	+1	0	-1	-2	-3
rechthaberisch	+3	+2	+1	0	-1	-2	-3
ordnungsliebend	+3	+2	+1	0	-1	-2	-3
ehrlich	+3	+2	+1	0	-1	-2	-3
loyal	+3	+2	+1	0	-1	-2	-3
schwermütig	+3	+2	+1	0	-1	-2	-3
begeisterungsfähig	+3	+2	+1	0	-1	-2	-3
intrigant	+3	+2	+1	0	-1	-2	-3
ordentlich	+3	+2	+1	0	-1	-2	-3
wählerisch	+3	+2	+1	0	-1	-2	-3
hartnäckig	+3	+2	+1	0	-1	-2	-3
entscheidungsfreudig	+3	+2	+1	0	-1	-2	-3
spontan	+3	+2	+1	0	-1	-2	-3
praktisch	+3	+2	+1	0	-1	-2	-3
beherrscht	+3	+2	+1	0	-1	-2	-3
risikobereit	+3	+2	+1	0	-1	-2	-3
selbstsicher	+3	+2	+1	0	-1	-2	-3
sensibel	+3	+2	+1	0	-1	-2	-3
selbständig	+3	+2	+1	0	-1	-2	-3
offen	+3	+2	+1	0	-1	-2	-3
willensstark	+3	+2	+1	0	-1	-2	-3
zurückgezogen	+3	+2	+1	0	-1	-2	-3
mißtrauisch	+3	+2	+1	0	-1	-2	-3
leidenschaftlich	+3	+2	+1	0	-1	-2	-3
unkompliziert	+3	+2	+1	0	-1	-2	-3
fortschrittlich	+3	+2	+1	0	-1	-2	-3
überzeugungsstark	+3	+2	+1	0	-1	-2	-3
zwänglich	+3	+2	+1	0	-1	-2	-3
verständnisvoll	+3	+2	+1	0	-1	-2	-3
kontaktfähig	+3	+2	+1	0	-1	-2	-3
schlagfertig	+3	+2	+1	0	-1	-2	-3
gründlich	+3	+2	+1	0	-1	-2	-3
ausgeglichen	+3	+2	+1	0	-1	-2	-3
kreativ	+3	+2	+1	0	-1	-2	-3
erfinderisch	+3	+2	+1	0	-1	-2	-3
selbstbewußt	+3	+2	+1	0	-1	-2	-3
introvertiert	+3	+2	+1	0	-1	-2	-3
extravertiert	+3	+2	+1	0	-1	-2	-3
anpassungsfähig	+3	+2	+1	0	-1	-2	-3
humorvoll	+3	+2	+1	0	-1	-2	-3
konservativ	+3	+2	+1	0	-1	-2	-3
präzise	+3	+2	+1	0	-1	-2	-3
besorgt	+3	+2	+1	0	-1	-2	-3
nachdenklich	+3	+2	+1	0	-1	-2	-3
kooperativ	+3	+2	+1	0	-1	-2	-3
unerschütterlich	+3	+2	+1	0	-1	-2	-3
problembewußt	+3	+2	+1	0	-1	-2	-3
beliebt	+3	+2	+1	0	-1	-2	-3
vernünftig	+3	+2	+1	0	-1	-2	-3
teamfähig	+3	+2	+1	0	-1	-2	-3
ausgeglichen	+3	+2	+1	0	-1	-2	-3
kommunikationsfähig	+3	+2	+1	0	-1	-2	-3
integrationsfähig	+3	+2	+1	0	-1	-2	-3
herzlich	+3	+2	+1	0	-1	-2	-3
ruhig	+3	+2	+1	0	-1	-2	-3
kompromißbereit	+3	+2	+1	0	-1	-2	-3
tolerant	+3	+2	+1	0	-1	-2	-3
zuhörbereit	+3	+2	+1	0	-1	-2	-3
selbstkritisch	+3	+2	+1	0	-1	-2	-3
kränkbar	+3	+2	+1	0	-1	-2	-3
hilfsbereit	+3	+2	+1	0	-1	-2	-3
einfühlsam	+3	+2	+1	0	-1	-2	-3
gelassen	+3	+2	+1	0	-1	-2	-3
unparteiisch	+3	+2	+1	0	-1	-2	-3
gütig	+3	+2	+1	0	-1	-2	-3
unberechenbar	+3	+2	+1	0	-1	-2	-3
selbstironisch	+3	+2	+1	0	-1	-2	-3
....	+3	+2	+1	0	-1	-2	-3
....	+3	+2	+1	0	-1	-2	-3
....	+3	+2	+1	0	-1	-2	-3

Ihnen ist sicherlich aufgefallen, daß positive und negative Eigenschaften aufgeführt sind. Sympathisch und aktiv möchte jeder sein; rechthaberisch und aggressiv sicherlich keiner. Bei anderen Adjektiven ist die Beurteilung schwieriger. Für einen Leuchtturmwärter ist »sehr stark zurückgezogen« sicherlich kein Berufshindernis, ein Journalist dagegen läge mit der gleichen Eigenschaft bei seiner Bewerbung ziemlich daneben.

Schlüsseleigenschaften

Auch das müssen Sie bedenken: Welche Eigenschaften sind für den Arbeitsplatz und die Aufgabenstellung, um die Sie sich bewerben, wichtig? Wonach werden Firmenchefs Sie fragen, welche Eigenschaften sind aus deren Sicht für diese Position wünschenwert? Gehen Sie die Liste noch einmal durch, und kreuzen Sie die Eigenschaften an, die in Ihrem Berufsfeld wichtig sind.

2. Was kann ich?

Nun geht es um die Klärung Ihrer beruflichen und außerberuflichen Fähigkeiten und Fertigkeiten:

- Welche sind aufgrund Ihrer Ausbildung und Erfahrung, aber auch sonstiger Interessen, Ihre wichtigsten Fähigkeiten für die Position, die Sie anstreben?
- Auf welchen Gebieten vermuten Sie fachliche und persönliche Defizite und warum?
- Durch welche besonderen Aktivitäten zeichnen Sie sich in Ihrer Freizeit aus?
- Auf welchen Gebieten möchten Sie sich verbessern oder stärker engagieren?

Unterscheiden Sie bei der Beantwortung dieser Fragen berufliche und außerberufliche Fähigkeiten.

Zu den beruflichen Fähigkeiten zählen beispielsweise Ausbildung, Spezialkenntnisse, Berufserfahrung, bisherige berufliche Aufgabengebiete, berufliche Kenntnisse/Interessen, darüber hinausgehende Weiterbildungsmaßnahmen, Projekte und bisherige Erfolge.

Zu den außerberuflichen Fähigkeiten zählen pädagogische Fähigkeiten, Sprachkenntnisse, soziale Kompetenz und soziales Engagement, politische Tätigkeiten, handwerkliches Talent, technisches Verständnis, künstlerisch-musische Begabung, sportliches Können.

Speziell für Frauen mit Kindern

Erstellen Sie eine Liste der Fähigkeiten, die Sie sich zusätzlich im Umgang mit Kindern oder auch mit zu versorgenden Familienangehörigen erworben haben. Frauen haben meist durch den Familienalltag ein viel größeres Organisationstalent und eine hohe Sozialkompetenz entwickelt. All das sind Fähigkeiten, die im modernen Unternehmen zunehmend gefragt sind. Zumindest theoretisch...

In der Praxis sieht es trotz aller schönen Lobreden anders aus: Sie müssen sich mehr als Ihre männlichen Kollegen fragen, welches Engagement Sie im Augenblick für Ihre berufliche Laufbahn aufbringen wollen und können. Wieviel Zeit sind Sie bereit, in den nächsten fünf Jahren in Ihre Karriere bzw. in Ihr Privatleben, d. h. Partnerschaft, Familie und Freunde, zu investieren? Wenn Sie versuchen, in allen Bereichen perfekt zu sein, wird Sie das vermutlich überfordern und auf Dauer erschöpfen (was auch schon als »Superfrauen-Syndrom« bezeichnet wurde).

Die familiäre Situation diktiert in unserer Gesellschaft einer Frau noch immer weit mehr als einem Mann die beruflichen Möglichkeiten. Männer sind selten bereit, wegen familiärer oder partnerschaftlicher Bindungen beruflich »zurückzustecken«.

Idealerweise – so immer noch die Haltung vieler Arbeitgeber – sind Sie Single und ohne Kinder. Dann können Sie sich nach Qualifikation, Neigung und Angebot Ihren Job auswählen und dafür auch einen Ortswechsel vornehmen.

Für Frauen, die in einer Partnerschaft fest gebunden und kinderlos sind, ist ein Ortswechsel schon eine schwierigere Entscheidung. Beide Partner müssen in diesem Fall gemeinsam prüfen, inwieweit Sie sich darauf einlassen können.

Mit Kindern sind Ihre beruflichen Möglichkeiten unter Umständen noch stärker eingeschränkt. Überlegen Sie, ob Sie sich eine Dreifachbelastung (Mann, Kind, Beruf) zumuten können, ob Ihr Partner mehr für die Familie tun kann, wieviel Zeit Sie überhaupt insgesamt haben?

Wenn Sie alleinerziehende Mutter sind, haben Sie es bestimmt am schwersten. In diesem Fall müssen Sie Ihre Arbeitskraft besonders klug und rationell anbieten und einsetzen.

Ihre Stärken

Sie gewinnen am leichtesten einen Überblick über Ihre Möglichkeiten, wenn Sie Ihre beruflichen und außerberuflichen Fähigkeiten getrennt analysieren. Selbstverständlich gehören beide Bereiche zusammen. Z. B. weist eine Vorliebe für Schachspielen auf Ihren logisch-analytischen Verstand hin und prädestiniert Sie für eine entsprechende Tätigkeit. Vielleicht machen Sie aber auch etwas ganz anderes? In jedem Fall sollten Sie wissen, wo Ihre Stärken liegen.

Wir haben für Sie wiederum Tabellen entworfen, die Sie bitte zuerst selbst ausfüllen und später eventuell anderen Personen vorlegen, damit man Sie beurteilen möge.

Wie schätzen Sie sich ein? Kreuzen Sie bei jeder Eigenschaft an, wie ausgeprägt diese Ihrer Meinung nach bei Ihnen ist:

+3 = sehr stark ausgeprägt
+2 = deutlich ausgeprägt
+1 = ausgeprägt
0 = teils/teils
–1 = weniger ausgeprägt
–2 = schwach ausgeprägt
–3 = sehr schwach ausgeprägt.

Lernbereitschaft	+3	+2	+1	0	-1	-2	-3
Leistungsbereitschaft	+3	+2	+1	0	-1	-2	-3
Selbstdisziplin	+3	+2	+1	0	-1	-2	-3
Belastbarkeit	+3	+2	+1	0	-1	-2	-3
Ausdauer/Geduld	+3	+2	+1	0	-1	-2	-3
Pflichtbewußtsein	+3	+2	+1	0	-1	-2	-3
Verantwortungsbewußtsein	+3	+2	+1	0	-1	-2	-3
Zuverlässigkeit	+3	+2	+1	0	-1	-2	-3
Ordnungssinn	+3	+2	+1	0	-1	-2	-3
Ehrlichkeit/Loyalität	+3	+2	+1	0	-1	-2	-3
Vertrauenswürdigkeit	+3	+2	+1	0	-1	-2	-3
Begeisterungsfähigkeit	+3	+2	+1	0	-1	-2	-3
Zielstrebigkeit	+3	+2	+1	0	-1	-2	-3
Organisationsvermögen	+3	+2	+1	0	-1	-2	-3
Eigeninitiative	+3	+2	+1	0	-1	-2	-3
Entscheidungsfähigkeit	+3	+2	+1	0	-1	-2	-3
Spontaneität	+3	+2	+1	0	-1	-2	-3
Risikobereitschaft	+3	+2	+1	0	-1	-2	-3
Selbstsicherheit	+3	+2	+1	0	-1	-2	-3
Selbständigkeit	+3	+2	+1	0	-1	-2	-3
Durchsetzungsvermögen	+3	+2	+1	0	-1	-2	-3
Überzeugungskraft	+3	+2	+1	0	-1	-2	-3
Kreativität	+3	+2	+1	0	-1	-2	-3
Kontaktfähigkeit	+3	+2	+1	0	-1	-2	-3
Anpassungsfähigkeit	+3	+2	+1	0	-1	-2	-3
Teamfähigkeit	+3	+2	+1	0	-1	-2	-3
Kommunikationsfähigkeit	+3	+2	+1	0	-1	-2	-3
Kompromißbereitschaft	+3	+2	+1	0	-1	-2	-3
Toleranzfähigkeit	+3	+2	+1	0	-1	-2	-3
Zuhörfähigkeit	+3	+2	+1	0	-1	-2	-3
Kritikbereitschaft	+3	+2	+1	0	-1	-2	-3
Hilfsbereitschaft	+3	+2	+1	0	-1	-2	-3
Unternehmerisches Denken	+3	+2	+1	0	-1	-2	-3
Streßtoleranz	+3	+2	+1	0	-1	-2	-3
Flexibilität	+3	+2	+1	0	-1	-2	-3
Kostenbewußtsein	+3	+2	+1	0	-1	-2	-3
Analytisches Denken	+3	+2	+1	0	-1	-2	-3
Strategisches Denken	+3	+2	+1	0	-1	-2	-3
Produktkenntnisse	+3	+2	+1	0	-1	-2	-3
Mitarbeiter-Betreuungsfähigkeit	+3	+2	+1	0	-1	-2	-3
Mitarbeiter-Auswahlfähigkeit	+3	+2	+1	0	-1	-2	-3
Mitarbeiter-Förderungsbereitschaft	+3	+2	+1	0	-1	-2	-3
Überzeugungspotential	+3	+2	+1	0	-1	-2	-3
Gesprächsführung	+3	+2	+1	0	-1	-2	-3
Planerisches Handeln	+3	+2	+1	0	-1	-2	-3
Delegationsfähigkeit	+3	+2	+1	0	-1	-2	-3
Repräsentationsfähigkeit	+3	+2	+1	0	-1	-2	-3
Verhandlungsgeschick	+3	+2	+1	0	-1	-2	-3
Führungsfähigkeit	+3	+2	+1	0	-1	-2	-3
Problemlösungsfähigkeit	+3	+2	+1	0	-1	-2	-3
Innovationsfähigkeit	+3	+2	+1	0	-1	-2	-3

Auch hier sollten Sie, wie bei den Eigenschaften aus dem Abschnitt »Was für ein Mensch bin ich?«, die Ihrer Meinung nach für das von Ihnen angestrebte Aufgabengebiet wichtigsten Fähigkeiten ankreuzen. Markieren Sie mit einem andersfarbigen Stift auch die Merkmale, von denen Sie denken, daß Ihr Arbeitgeber sie sich wünscht. Überlegen Sie, bei welchen Gelegenheiten Sie diese Qualifikationen schon unter Beweis gestellt haben.

Stichwort Selbstbewußtsein

Die Bearbeitung dieser Liste führt zu einem besseren Selbstbewußtsein und ermöglicht ein gezieltes Arbeiten an den zutage getretenen Defiziten.

3. Was will ich?

Widmen Sie auch hier der Beantwortung dieser Frage genügend Zeit. Auf den ersten Blick scheint die Antwort leichtzufallen. Bei genauerem Nachdenken werden Sie aber merken, daß wir viel eher wissen, was wir nicht wollen, als daß wir positiv formulieren können, was wir uns wünschen.

Ziele definieren!

Vielleicht sagen Sie jetzt: ich habe so starken wirtschaftlichen Druck, ich kann es mir nicht leisten, auch noch Ansprüche zu stellen. Ich brauche einen Arbeitsplatz – des Geldes wegen. Diese Sorge mag zwar berechtigt sein – trotzdem ist eine intensive Auseinandersetzung mit den persönlichen Zielvorstellungen kein Luxus, sondern in jedem Fall sinnvoll. Denn wenn Sie ein Ziel vor Augen haben, werden Sie sich automatisch in diese Richtung bewegen. Klare Ziele zu haben setzt enorme Kräfte in Ihrer Psyche frei, beflügelt Ihre Phantasie und hilft Ihnen, durchzuhalten.

Behandeln Sie auch bei der Frage nach Ihren Wünschen den persönlichen und beruflichen Bereich getrennt.

Zur persönlichen Situation:
- Was haben Sie bisher in Ihrem Leben erreicht?
- Was haben Sie bisher trotz guter Vorsätze nicht erreicht und warum?
- Was mißfällt Ihnen an Ihrer jetzigen persönlichen Situation?

- Was möchten Sie an dieser am schnellsten ändern, und was kann noch warten?
- Wie sieht Ihre Partner- bzw. familiäre Situation aus, und gibt es da größere Probleme?
- Wer fördert bzw. behindert Sie in Ihrer persönlichen Entwicklung?
- Welchen Einfluß auf Ihre persönlichen Zielvorstellungen und Entscheidungen haben Ihr/e Partner/in, Ihre Kinder, Freunde und andere Bezugspersonen?
- Welche Ihrer persönlichen Eigenschaften und Fähigkeiten sind für Ihre Mitmenschen besonders wertvoll bzw. wichtig?
- Welchen Einfluß hat Ihre angestrebte Berufstätigkeit vermutlich auf Ihr Privatleben, und umgekehrt: Welchen Einfluß hat Ihr Privatleben auf Ihren Beruf?
- Welche persönlichen Gründe sprechen gegen einen Arbeitsplatz-, Branchen- und/oder Berufswechsel?
- Welche persönlichen Gründe sprechen gegen einen Ortswechsel?
- Welche persönlichen Schwierigkeiten sehen Sie in der Zukunft für sich?
- Fühlen Sie sich einer deutlichen Veränderung des Arbeitsplatzes und des Berufs- und Lebensumfeldes gewachsen?

Zur beruflichen Situation:

- Was haben Sie bisher beruflich/ausbildungsmäßig erreicht?
- Was haben Sie bisher trotz Ihrer Vorsätze beruflich nicht erreicht und warum?
- Was läßt bei Ihnen sowohl generell als auch konkret berufliche Zufriedenheit bzw. Unzufriedenheit entstehen?
- Was mißfällt Ihnen an Ihrer jetzigen beruflichen Situation?
- Was möchten Sie an Ihrer jetzigen beruflichen Situation am schnellsten ändern, und was kann noch warten?
- Welche Ihrer beruflichen Kenntnisse und Fähigkeiten sind für Ihren zukünftigen Arbeitgeber und Ihre Kollegen besonders wertvoll bzw. wichtig?

- Fühlen Sie sich in beruflicher Hinsicht z. Z. eher über- oder unterfordert, und worin ist dies begründet?
- Wie kommen Sie mit Ihren Vorgesetzten bzw. Kollegen aus?
- Welche beruflichen Förderer und »Steine-in-den-Weg-Werfer« haben Sie?
- Und wer könnte das in Zukunft sein?
- Wie sehen Ihre beruflichen Ziele aus, bezogen auf Position und Verdienst?
- Welche Chancen für Entwicklung und Aufstieg haben Sie an Ihrem jetzigen Arbeitsplatz?
- Wie sind die generellen Zukunftsaussichten an Ihrem Arbeitsplatz (in Ihrer Branche, in Ihrem Beruf)?
- Welche beruflichen Schwierigkeiten sehen Sie in der Zukunft für sich?
- Sind Sie mit den Leistungen (Bezahlung, Sozialleistungen, Extras etc.) Ihres jetzigen Arbeitgebers zufrieden?
- Welchen Einfluß auf Ihre beruflichen Zielvorstellungen und Entscheidungen haben Ihr/e Partner/in, Ihre Kinder, Freunde und andere Bezugspersonen?
- Welche Gründe sprechen für einen beruflich begründeten Ortswechsel? Sind Sie diesbezüglich flexibel?
- Trauen Sie sich zu, eine völlig neue berufliche Aufgabe zu übernehmen?

Schlüsselworte herausfiltern

Versuchen Sie, aus der schriftlichen Beantwortung jeder einzelnen Frage Schlüsselworte zu entwickeln, die Ihr Ziel kurz und prägnant beschreiben. Abstrahieren Sie dabei ruhig, verkürzen und vereinfachen Sie gegebenenfalls, und bringen Sie die für Sie ganz persönlich wichtigen Dinge »auf den Punkt«.

Erstellen Sie eine Rangfolge Ihrer Zielvorstellungen; sie ermöglicht Ihnen, Prioritäten zu erkennen und Schwerpunkte zu bilden. Diese persönliche und berufliche Situationsanalyse verschafft Ihnen Klarheit und hilft bei der Abwägung von Gründen für oder gegen einen Arbeitsplatz.

Wichtig dabei ist, die neu gewonnene Ausdrucksfähigkeit bezüglich der Frage: »Was will ich eigentlich, was ist wichtig für mich?«

4. Was ist möglich?

Vom Tellerwäscher zum Millionär, vom Schauspieler zum Präsidenten – und nichts erscheint unmöglich. Glauben Sie aber nicht leichtfertig schnell gemachten Versprechungen, egal von welcher Seite. Wer andererseits gegen seine Wünsche und Vorstellungen vorschnell die Schere im Kopf ansetzt, erreicht weniger, als möglicherweise für ihn drin wäre. Grau ist das Mittelmaß, aber allemal ein sicherer Weg. Allzuviel oder zuwenig Phantasie kann auch ein Hindernis sein. Sie müssen für sich allein den schmalen Grat, auf dem Sie zwischen den Extremen wandeln, ausbalancieren.

Der Motor unseres Tuns ist unter anderem das »liebe« Geld. Sie müssen in Erfahrung bringen, was Ihre Arbeitsleistung wert ist und was Arbeitgeber gemäß der aktuellen Marktlage zu zahlen bereit sind. Wer den Wert seiner Arbeitskraft kennt, ihn realistisch einschätzen und vortragen kann, sammelt Pluspunkte.

Spielraum ausloten

Ob dies bereits in das Bewerbungsanschreiben gehört, kann nicht prinzipiell entschieden werden. In manchen Stellenanzeigen wird der Bewerber ausdrücklich aufgefordert, seine Gehaltsvorstellungen zu benennen. Sich unter Preis anzubieten zahlt sich nicht aus. Wer sich allerdings »überpreist«, wirft sich schnell selbst aus dem Rennen. Die übliche Handhabung, das Jahreseinkommen in einer Spanne von 10 bis 20 % anzugeben, läßt jedoch viel Spielraum für beide Seiten (z. B. »Mein Jahreseinkommenswunsch für die von Ihnen beschriebene Position liegt zwischen und 60 000 und 70 000 DM«). Wichtig ist es zunächst einmal, ins Gespräch, in Verhandlungen zu kommen. Vergessen Sie nie: Geld ist nicht alles und war kein Kinderwunsch (Sigmund Freud), und es ist nicht entscheidend, was Sie heute verdienen, sondern übermorgen und auch noch danach.

Vorsicht Selbstblockade

Jeder Mensch neigt dazu, in einer persönlichen und beruflichen Übergangs- bzw. Krisensituation seinen Handlungsspielraum und seine Gestaltungsmöglichkeiten zu unterschätzen. Wir selbst hemmen uns in einer solchen Situation unnötigerweise in unseren Aktivitäten. Dabei geht es doch um so Wichtiges wie die Verwirklichung der individuellen beruflichen Identität.

Außenstehende miteinbeziehen

Bringen Sie die Erkenntnisse aus den vorangegangen drei Situationsanalysen auf den Punkt. Nehmen Sie nicht nur Ihren eigenen Realitätssinn zum Maßstab, sondern beziehen Sie auch andere Personen (Lebenspartner, Freunde, Bekannte, Fachberater z. B. vom Arbeitsamt) in Ihre Überlegungen ein. Der Blick von außen kann sehr hilfreich sein. Greifen Sie auch auf das Fantasiepotential Ihrer Mitmenschen zurück.

Die folgenden Zeilen sollen den Unterschied zwischen einer negativen Grundhaltung und einer konstruktiven Chancenwahrnehmung der hier behandelten Aspekte verdeutlichen:

Ich weiß nicht, wer ich bin.
Ich kann nicht, was ich will.
Ich will nicht, was ich kann.
Und was möglich ist,
das mache ich nicht.

versus

Ich bin mir meiner selbst bewußt.
Ich kann, was ich will.
Ich will, was ich kann.
Und was möglich ist,
das mache ich.

Noch einmal auf den Punkt gebracht

Auf die Vorbereitung kommt es ganz entscheidend an. Auf die richtige Einstellung zur Einstellung. Sie müssen wissen, was Sie wollen und wie Sie es durchsetzen können. Das bedeutet für Sie als Bewerber, ein regelrecht unternehmerisches Denken an den Tag zu legen. Es geht darum, Ihre Arbeitskraft, Ihr Können zu »vermarkten«.

Die Beantwortung der Fragen »Was für ein Mensch bin ich?«, »Was kann ich?«, »Was will ich?« und »Was ist möglich?« verhilft Ihnen zu einer guten Ausgangsposition für eine erfolgreiche Bewerbungsstrategie.

Dazu müssen Sie Ihr Produkt (Ihre Fähigkeiten) bestens kennen, die potentiellen Käufer (in diesem Fall die Arbeitgeber) und Ihr Kauf- und Entscheidungsverhalten gut studiert haben und einen Kommunikationsweg finden, das Käuferverhalten in Ihrem Sinne positiv zu beeinflussen. Eine der wichtigsten Fragen ist: Was ist Ihre Botschaft?

Die souveräne Kontaktaufnahme

Orientierung auf dem Arbeitsmarkt

Ihre sorgfältige Vorbereitung ist eine gute Basis für die entscheidenden Begegnungen mit potentiellen Arbeitgebern. Wie und wo trifft Ihr »Produkt« auf potentielle »Käufer«? Was dabei wichtig und weichenstellend ist, was eine Kontaktaufnahme im Vorfeld positiv unterstützt, erfahren Sie jetzt.

Aktiv werden, aber planvoll

Wer kann Ihnen bei der Kontaktaufnahme helfen? Zunächst einmal Sie sich selbst. Wer nur zu Hause auf den Traumjob wartet, kann lange warten. Seien Sie sich darüber im klaren, daß Ihrer Bewerbung eine zielgerichtete Recherche vorangehen muß. Sie verlieren viel Zeit und Energie, wenn Sie nicht planvoll vorgehen. Zielgerichtete Recherche bedeutet, Informationen zu sammeln, sich mosaikartig ein Bild zusammenzusetzen, das zeigt, wie der Arbeitsmarkt in einer bestimmten Branche aussieht. Nutzen Sie hierbei das Wissen von Experten. Profitieren Sie von Ihren Kontakten zu Firmen, Personalabteilungen, Interessenvertretungen, und Personalberatern. Nutzen Sie dabei selbstverständlich auch das Arbeitsamt bzw. die jeweiligen Fachvermittlungsstellen.

Die gängigen Methoden und Quellen für die Kontaktaufnahme mit einem Arbeitgeber sind: die Stellenanzeige, das Arbeitsamt, die unaufgeforderte Bewerbung, die persönliche Empfehlung, das Stellengesuch, die Personalberatungsgesellschaft, der Bewerbungs- und Karriereberater.

Die klassische Stellenanzeige

Anzeigen lesen

Bringen Sie zunächst in Erfahrung, in welchen regionalen oder überregionalen Tages- und Wochenzeitungen Sie Stellenangebote finden können. Vielleicht gibt es für Ihre Branche auch Fachzeitschriften, die Sie durchsehen sollten.

Wesentliche Quellen sind sicher die Wochenendausgaben der

großen Zeitungen (zu letzteren gehören u. a. *FAZ, Frankfurter Rundschau, Süddeutsche Zeitung, Die Welt, Westdeutsche Allgemeine, Berliner Morgenpost, Berliner Zeitung, Thüringer Allgemeine* sowie die Wochenzeitung *Die Zeit*).

Auf drei Varianten von Stellenanzeigen möchten wir Sie aufmerksam machen:

1. Anzeigen, die eine direkte Kontaktaufnahme mit dem potentiellen Arbeitgeber über einen Mitarbeiter ermöglichen (ein vorheriges Telefongespräch muß sorgfältig geplant werden, s. S. 30).
2. Anzeigen, bei denen eine Personalberatungsfirma zwischengeschaltet ist, die im Auftrag des Arbeitgebers die Bewerberauswahl übernimmt.
3. Anzeigen, deren Auftraggeber inkognito bleibt und nur über Chiffre-Zuschrift an die Zeitung erreicht werden kann.

Überlegen Sie sich bei der Lektüre der Anzeigen: Kommt dieses Angebot für mich überhaupt in Frage? Erfülle ich die gestellten Anforderungen? An den genannten Mindestanforderungen führt meist kein Weg vorbei. Erfüllen Sie auch die Zusatzqualifikationen, heben Sie sich zweifellos schon von der Masse der Bewerber ab. Aber keine Sorge: Bewerben Sie sich auch, wenn Sie nur etwa 70 % des Anspruchs erfüllen. Denn es kommt darauf an, *wie* Sie sich präsentieren.

Die Mär vom idealen Bewerber

Sollten Sie Differenzen feststellen zwischen dem, wie Sie sind und dem, was Sie sein wollen/sollen, besteht kein Anlaß zu Depressionen, denn jetzt sind vielmehr Ihre schauspielerischen Qualitäten und Ihr Talent zur Selbstdarstellung gefordert. Die »Hochtalentierten«, »Glückspilze« und »Goldfische« sind vor allem Meister in der Inszenierung ihrer Person. Auch Sie können das erlernen.

Sie müssen dafür sorgen, daß Sie die wichtigen Essentials »ausstrahlen«. Dies gilt für Ihre schriftliche Bewerbung genauso wie später für den ersten persönlichen Kontakt.

Wichtig!

In unserer über zehnjährigen Beratungsarbeit haben sich drei Kriterien herauskristallisiert, auf die es immer wieder ankommt:

- die Persönlichkeit der Bewerberin/des Bewerbers
- die Leistungsmotivation
- die Kompetenz.

Das heißt:

- Mobilisieren Sie Sympathiegefühle?
- Wird ersichtlich, warum Sie gerade diese Stelle wollen?
- Verfügen Sie über die erforderlichen fachlichen Qualifikationen (Ausbildung/Berufserfahrung)?

Informationsrecherche über den Arbeitgeber

Wissen hilft

Wissen Sie genau, bei wem Sie sich bewerben? Für jede Werbeagentur ist klar: Je mehr wir über unseren Kunden und seine Vorstellungen wissen, desto besser können wir ihn zufriedenstellen. Er muß den Eindruck gewinnen, daß wir seine Belange wunderbar verstehen und auf sie zugeschnitten geniale Lösungen anbieten.

Sie sind jetzt Ihre eigene Werbeagentur und machen dem Kunden klar, daß gerade Sie und nur Sie seine Bedürfnisse erkannt haben und befriedigen können. Sie wissen, was er von Ihnen erwartet, und bieten deshalb genau das an. Versuchen Sie, optimal ins Firmenprofil zu passen!

Das heißt: Sie müssen Genaueres über Ihren Kunden, Ihren künftigen Arbeitgeber, herausfinden. Ihm wollen Sie Ihre Arbeitskraft verkaufen.

Dadurch erhöhen Sie einerseits Ihre Chancen, genommen zu werden, denn jeder Chef ist hocherfreut, wenn Sie genau das haben, was er braucht. Und gleichzeitig erfahren Sie bei solch einer Recherche natürlich mehr über die Stelle und ob sie tatsächlich Ihren Wünschen entspricht.

Ruf doch mal an

Informationen über den zukünftigen Arbeitgeber finden Sie in speziellen Nachschlagewerken (z.B. Hoppenstedt/Beratung in einer Bibliothek!), in der Fachliteratur und in Zeitschriften. Lassen Sie sich außerdem – evtl. unter dem Namen eines Freundes – Informationsmaterial zusenden, oder bitten Sie telefonisch um Auskünfte, bei größeren Unternehmen um Geschäftsberichte, Presseinformationen oder Organigramme (Darstellungen der Struktur einer Firma).

Sie müssen das nicht alles alleine machen. Nutzen Sie die Hilfe von Experten, nehmen Sie Beratungsangebote wahr. Auch an die Kammern von Industrie, Handel und Handwerk bis hin zu besonderen Interessenvertretungen ist zu denken.

Hilfe in Anspruch nehmen

Personalberatungsgesellschaften und Bewerbungsberater (siehe auch S. 223) können Ihnen ebenfalls weiterhelfen. Hören Sie sich auch in Ihrem Bekanntenkreis um, machen Sie Insider aus, die Ihnen weitere Informationen liefern. Dabei spielt es keine Rolle, ob Ihr Informant erfolgreich ist oder nicht, zufrieden oder schlecht auf das Unternehmen zu sprechen – in jedem Fall können Sie für sich das Wissenswerte herausfiltern. Generell sind z.B. alle Arten von Messen immer auch gute berufliche Kontaktbörsen.

Der telefonische Kontakt

Telefonieren in einer Bewerbungssituation hat einen besonderen Stellenwert, ist aber gar nicht so einfach. Drei Gründe könnten Sie dazu führen, ein Telefongespräch aktiv und gezielt einzusetzen:

1. Informationsnachfrage: Sie haben in der Anzeige gelesen, daß Sie für weitere Informationen telefonisch Kontakt aufnehmen können.
2. Bedarfsklärung: Sie wollen sich »unaufgefordert« bewerben. Durch ein Telefongespräch können Sie vorab klären, ob Ihre Bewerbung überhaupt Aussicht auf Erfolg hat.
3. Nachfaßaktion: Sie haben sich bereits schriftlich beworben, aber nach etwa zwei Wochen noch keine Rückmeldung (nicht

einmal eine Eingangsbestätigung Ihrer Unterlagen) und fragen nun telefonisch nach dem Stand der Dinge.

Unbedingt vorbereiten

Unabhängig davon, um welche der drei Anlässe es sich handelt: Ein solches Telefongespräch muß gründlich, am besten schriftlich, vorbereitet werden. Einfach nur mal so anzurufen wäre sehr leichtsinnig.

Optimale Voraussetzungen sind ein ruhiger Ort (keine Familiendramen im Hintergrund!), die richtige Zeit (nicht Freitag 17 Uhr!) und die Möglichkeit, sich nebenbei Notizen zu machen (also nicht aus einer Telefonzelle!). Überlegen Sie sich im Vorfeld: Wen wollen Sie sprechen, was genau wollen Sie fragen, was wollen Sie von sich mitteilen?

Die erste Arbeitsprobe

Mit dem Telefongespräch liefern Sie bereits eine erste Arbeitsprobe, vermitteln einen ersten Eindruck. Aus der Psychologie wissen wir, wie entscheidend und wie schwer zu revidieren dieser erste Eindruck ist. In den ersten Sekunden klassifiziert unser Gehirn schon, ob jemand sympathisch oder unsympathisch ist. Darum will eine solche Aktion gut überlegt sein. Sie müssen immer damit rechnen, daß sich Ihr Gesprächspartner Notizen über Sie macht.

Wir kennen den Fall einer Chefsekretärin, die zwecks näherer Informationen bei einem Verlag anrief. Der dort zuständige Herr fand sie so sympathisch und kommunikationsfähig, daß er sie auf eine viel interessantere Stelle im gleichen Hause aufmerksam machte – die noch gar nicht ausgeschrieben war. Allein aufgrund der gelungenen fernmündlichen Präsentation kam sie in den Genuß, als alleinige Bewerberin einen attraktiven Posten angeboten zu bekommen.

1. Informationsnachfrage

Wenn in der Stellenanzeige angeboten wird, zusätzliche Informationen telefonisch zu erfragen, lohnt es sich auf jeden Fall, dieses Angebot zu nutzen. Tun Sie dies nicht, ist das zwar kein Minuspunkt, aber Sie vergeben eine gute Chance, positiv auf sich aufmerksam zu machen. Geschickt eingesetzt kann die telefonische Nachfrage neugierig auf Ihre Person machen. Überlegen Sie sich eine intelligente Frage. Man wird Ihr Interesse schätzen und Ihren Namen »im Hinterkopf speichern«.

Negativ auf sich aufmerksam machen Sie bestimmt, wenn Sie Urlaubszeiten wissen wollen oder ob es ein 13. und 14. Monatsgehalt gibt. Ebensowenig dürfen Sie Inhalte abfragen, die aus der Anzeige bereits klar ersichtlich sind.

2. Bedarfsklärung

Ein solches Telefonat ist besonders schwierig und entsprechend sorgfältig vorzubereiten.

Der richtige Gesprächseinstieg

Ganz wichtig ist, daß Sie den richtigen und auch wirklich kompetenten Gesprächspartner ans Telefon bekommen und so möglichst einen ersten persönlichen Kontakt aufbauen. Die Gesprächsbeziehung muß gut laufen, was sich wahrscheinlich schon mit den Eingangsworten entscheidet.

Platzen Sie also nicht mit der Tür ins Haus! »Guten Tag, ich heiße Müller und möchte mich als Ingenieur für Verfahrenstechnik bei Ihnen bewerben« trägt Ihnen keine Sympathien ein. Schleichen Sie umgekehrt zu sehr um den heißen Brei herum – »Guten Tag, ich grüße Sie ganz herzlich, Frau Meier, mein Name ist Müller, wie der Joghurt von Alles-Müller-oder-was, ja, haben Sie in Berlin auch so schlechtes Wetter?« – wird womöglich am anderen Ende der Leitung sehr schnell aufgelegt.

Vielleicht ist der folgende Gesprächsanfang eher geeignet, Interesse und gleichzeitig auch Sympathie zu wecken.

Personalreferentin: Meyer, guten Tag.
Bewerber Müller: Guten Tag, Frau Meyer. Mein Name ist Wolfgang Müller aus Berlin. Ich bitte um Verständnis, wenn ich mich direkt an Sie wende. Haben Sie einen kurzen Augenblick Zeit, oder paßt es Ihnen besser heute Nachmittag gegen 15 Uhr?

Personalreferentin (etwas ungeduldig): Worum geht es denn, Herr Müller, wir können jetzt kurz miteinander sprechen . . .
Bewerber Müller: Vielen Dank, Frau Meyer. Es geht darum, daß ich mich Ihnen als Diplomingenieur für Verfahrenstechnik vorstellen möchte. Ich habe . . . / Ich bin . . . / Ich komme auf Empfehlung von . . . / Ich hörte, Sie haben in der XY-Abteilung ein Problem, bei dessen Lösung ich vielleicht mithelfen könnte . . . Klingt das interessant für Sie . . . ?

Aufmerksamkeit ja, aber...

Sollten Sie auf die Idee kommen, ein Fax zu schicken, erzielen Sie zwar Aufmerksamkeit – aber daß Sie daraufhin eine Einladung erhalten, doch Ihre vollständigen Bewerbungsunterlagen folgen zu lassen, ist eher unwahrscheinlich. Natürlich kommt es in diesem Fall auf die Branche an: In der Werbung z.B. mag ein unkonventionelles Vorgehen positive Beachtung finden.

3. Nachfaßaktion

Sie haben etwa zwei Wochen nach Versand Ihrer Bewerbungsunterlagen noch immer keine Reaktion. Jetzt wird es Zeit, höflich nachzufragen – also ohne Vorwurf in der Stimme. Manche Unternehmen legen sogar Wert auf eine solche Nachfrage und werten ein Ausbleiben als mangelndes Interesse bzw. mangelnde Einsatzbereitschaft.

Einen solchen Anruf können Sie auch nutzen, um weitere Informationen zu erbitten. Vielleicht erhalten Sie jetzt nochmals eine Chance, sich von Ihrer besten Seite zu präsentieren und das Interesse an Ihrer Person zu steigern.

4. Rückruf Ihres potentiellen Arbeitgebers

Achtung aufgepaßt

Durch die (empfehlenswert!) Angabe Ihrer Telefonnummer im Briefkopf Ihres Anschreibens müssen Sie – insbesondere bei der Bereitschaft zum Arbeitsplatzwechsel – auf einen möglichen Rückruf gefaßt sein. Melden Sie sich in dieser Zeit nicht gerade mit Ihrem Spitznamen oder sonstigen Scherzen, mit denen Sie Ihre Freunde ab und zu beglücken. Bitten Sie Ihren Lebenspartner, Sie auf keinen Fall mit »Mausi, da ist ein Herr für dich dran, kannst du mal kommen?« ans Telefon zu holen.

Denken Sie auch an Ihren Anrufbeantworter, und nehmen Sie für eine gewisse Zeit die Eichborn-Anrufbeantworter-Ansage-Kassette mit der Stimme des Papstes (»Du sollst nicht auflegen«) heraus. Die Zen-Meditation auf Band oder Ihr Rolling-Stones-Lieblingsstück (»I can get no . . .«) mag zwar Ihre Umgebung als ureigensten Ausdruck Ihrer Persönlichkeit erfreuen – künftige Arbeitgeber halten solches eher für eine Zumutung. (Nicht umsonst läuft bei der Berliner Stadtverwaltung als Warteschleife »Eine kleine Nachtmusik« – gähn!!).

Überraschungsanrufe

Gezielte Überraschungsanrufe bieten gewieften Personalchefs die Möglichkeit, durch die Hintergrundgeräusche einen Einblick ins häusliche Leben zu gewinnen (laute Kleinkinder, die noch lauter zur Ruhe aufgefordert werden, oder die schrille Nachfrage aus dem Flur »Wer ist denn dran? Waaas?« oder kläffende, kreischende Haustiere, »Loooooora«, etc. machen keinen guten Eindruck).

Sorgen Sie dafür, daß Sie stets alle nötigen Unterlagen in Reichweite haben. Nichts ist peinlicher, als wenn Sie nicht mehr wissen, worum es eigentlich geht, und welcher Arbeitgeber unter all den von Ihnen angeschriebenen sich gerade meldet.

Das Wichtigste zusammengefaßt

Sie müssen die erste Kontaktaufnahme mit dem potentiellen neuen Arbeitgeber sorgfältig vorbereiten. Je mehr Hintergrundinformationen Sie über Ihren »Kunden« haben, desto besser sind Ihre Chancen, Ihr Produkt »Arbeitskraft« gezielt und erfolgreich zu »vermarkten«. Berücksichtigen Sie die drei Essentials Persönlichkeit, Leistungsmotivation und Kompetenz bei Ihrer ersten Kontaktaufnahme ebenso wie generell im gesamten Bewerbungsverfahren. Diese Kriterien stellen auf der »Käuferseite« die Weichen. Ihre telefonische Kontaktaufnahme unterstützt ganz wesentlich Ihr »Verkaufsvorhaben«.

Die perfekte Gestaltung der schriftlichen Bewerbung

Das Anschreiben als Arbeitsprobe

Ihr »Verkaufsprospekt«

Sie haben sich auf die Bewerbungssituation gut vorbereitet: Wenn Sie bis hierher gelesen, unsere Übungen mitgemacht und unsere Anregungen aufgenommen haben, wissen Sie nun, woher Sie kommen, wohin Sie gehen wollen und welche Trümpfe Sie in der Hand haben. Sie haben sich umfassend über den potentiellen Arbeitgeber informiert; möglicherweise haben Sie durch ein freundlich-informatives Vorabtelefonat schon den ersten Kontakt geknüpft. Vielleicht wartet man jetzt schon mit etwas Neugierde und Ungeduld auf Ihre »Produktbeschreibung«, Ihren »Verkaufsprospekt«, kurzum Ihre schriftlichen Bewerbungsunterlagen.

Dabei ist das Bewerbungsanschreiben Ihre erste oder – nach einem vorherigen Telefongespräch – Ihre zweite Arbeitsprobe.

Zur Verdeutlichung sei noch einmal wiederholt: Sich bewerben bedeutet Werbung in eigener Sache zu machen, für Ihre Person, Ihre Dienstleistung, Ihr Know-how, Ihre Arbeitskraft. Mit dem Anschreiben geben Sie eine Art Visitenkarte ab. Sie hinterlassen beim Arbeitgeber bzw. seinen Vertretern einen Eindruck, der positiv sein und Ihnen zu einer Einladung zum Vorstellungsgespräch verhelfen soll.

Ein Arbeitgeber möchte vor allem lesen, daß Sie genau die Voraussetzungen erfüllen, die er für die entsprechende Stelle als optimal ansieht. Ihre Eignung und die gewünschten Kriterien sollten so weit wie möglich übereinstimmen. Und wie immer gilt auch hier: Es kommt auf die gelungene Darstellung und Überzeugungsarbeit an.

Selbst erfolgreiche Berufsvertreter mit einem wirklich bestechenden Bildungs- und Erfahrungshintergrund scheitern oftmals kläglich, wenn Sie sich selbst in schriftlicher Form angemessen präsentieren sollen. Wenn Sie bedenken, daß 80 von 100 Bewerbungen allein aufgrund der mangelhaften formalen Präsentation aussortiert werden, ist eine perfekte formale und inhaltliche Gestaltung des Bewerbungsanschreibens das mindeste, was man von Ihnen erwarten kann.

Formale Standards

In der Regel besteht eine schriftliche Bewerbung aus mehreren Dokumenten, die als »übliche«, »vollständige« oder »aussagefähige« Unterlagen angefordert werden:

- Bewerbungsanschreiben
- Lebenslauf
- Foto
- Zeugniskopien

Dazu können unter Umständen folgende Anlagen kommen: Zertifikate oder Auflistungen über besondere Schulungen, Kurse etc., eine Handschriftenprobe, in seltenen Fällen Referenzen, Empfehlungsschreiben, das polizeiliche Führungszeugnis.

Bloß keine dummen Formfehler

Da bei Bewerbungen immer wieder Formfehler gemacht werden, geben wir Ihnen hier einige Empfehlungen für die Gestaltung Ihrer Bewerbungsunterlagen:

- Verwenden Sie für Bewerbungsanschreiben und Lebenslauf gutes weißes oder dezent getöntes nicht liniertes DIN-A4-Papier, das Sie nur einseitig beschreiben.
- Eigenes Briefpapier mit Namen und Anschrift (bitte dezentes Design) ist wirklich empfehlenswert.
- Benutzen Sie für Bewerbungsanschreiben und Lebenslauf – wenn nicht ausdrücklich handschriftlich verlangt - wenigstens eine Schreibmaschine mit gutem Farbband und Schriftbild bzw. besser einen PC mit Textverarbeitungsprogramm (auf keinen Fall Computer-Endlos-Papier).

Gut, wenn Sie einen Laser- bzw. guten Tintenstrahldrucker haben; bei Matrixdruckern: nicht unter 24 Nadeln.

- Für Ihre Unterschrift (kein Autogramm und keine Rezeptblock-Arzt-Unterschrift!) empfehlen wir konservatives Königsblau aus einem Füllfederhalter oder Tintenschreiber. Rot, Grün oder Schwarz kommen nicht gut an.
- Für Ihre Schreiben gilt: nicht radieren, verbessern, durchstreichen oder mit Tipp-Ex korrigieren, sondern im Falle eines Fehlers neu schreiben.
- Rechtschreibung und Zeichensetzung müssen korrekt sein.
- Achten Sie auf übersichtliche klare Gliederung (Absätze).
- Wichtig sind gute Platzeinteilung und angemessene Ränder (ca. 4 cm links, ca. 3 cm rechts).
- Flecken, Eselsohren, zerknülltes Papier fallen extrem negativ auf, aber die Dokumente in einzelne Klarsichtfolien »einzuschweißen« ist auch keine Lösung. Niemals alle Unterlagen in eine Hülle zwängen, aus der sie der Personalchef dann nur mühsam wieder hervorzerren kann.
- Das Anschreiben lose auf die Bewerbungsmappe legen, die anderen Unterlagen am besten in einem Hefter präsentieren (was lediglich Standard ist). Achtung: Farbe des Schnellhefters berücksichtigen – Schwarz oder Pink sind in diesem Fall kein Hit.

Es gibt jedoch bessere Präsentationssysteme: Thermoschnell- bzw. Spiralbindesysteme zusammen mit Klarsichtfolien- und Kartondeckel sind eine gängige Alternative. Ähnliche Effekte erzielt man auch schon mit einer Plastik-Konzeptschienenhalterung. Als Modell könnten Ihnen z.B. Konzeptpräsentationen von Werbeagenturen dienen oder die Steuererklärung Ihres Steuerberaters (falls der sich etwas Mühe gibt).

Reihenfolge der Unterlagen:
- Deckblatt (Bewerberdaten, Adressat – s. Beispiele S. 81)
- evtl. eine Extraseite mit ausführlichen Bewerberdaten und Foto sowie den Schwerpunkten der bisherigen beruflichen Tätigkeit
- Der sog. Lebenslauf und berufliche Werdegang
- evtl. eine Extraseite mit weiteren Informationen (z. B. Arbeits- bzw. Qualifizierungsschwerpunkte, Motivation für den Wechsel etc.)
- evtl. Handschriftenprobe
- Anlagenübersicht
- Arbeitszeugnisse (Kopien!)
- ggf. (berufliche) Ausbildungsabschlußzeugnisse (Kopien!)
- weitere Unterlagen (s. o.)

Generell gilt: Je wichtiger die Unterlage oder das Dokument, desto weiter vorn abheften.
- Für die Anlagen (Zeugnisse etc.) nur gute, neue Fotokopien verwenden (nicht solche, denen man eine mehrfache Postreise ansieht).
- Achtung: verschicken Sie nie Original-Zeugnisse oder Bescheinigungen. Nur Anschreiben, Lebenslauf und Handschriftenprobe müssen Originale sein.
- Machen Sie sich Fotokopien von allen Unterlagen, die Sie versenden, damit Sie nach sechs oder acht Wochen noch wissen, was man wo von Ihnen weiß bzw. auf dem Tisch hat.
- Verwenden Sie für die postalische Zusendung aller Unterlagen einen stabilen DIN-A4-Umschlag; das Bewerbungsanschreiben lose auf die Bewerbungsmappe legen.
- Achten Sie auf die korrekte Umschlaggestaltung - keine innovativen Experimente bei Adresse, Absender, Briefmarkenpositionierung; bloß keine Aufkleber, egal ob für Frieden, Umwelt oder Weihnachten.
- Versandart: ganz normal, nicht per Express (= zu drängelnd) oder gar Einschreiben mit Rückschein (= Zwangscharakter).

- Wichtig: die richtige Frankierung.
- Bevor Sie alles abschicken, empfiehlt sich ein letzter Check durch eine von Ihnen ausgewählte »Personalkommission«.

AIDA – Werbung in eigener Sache

Die beste Werbung in eigener Sache ist erfolglos, wenn nicht sowohl formale wie auch inhaltliche Normen berücksichtigt werden.

Ihr Anschreiben zeigt dem Arbeitgeber schwarz auf weiß, wie Sie später arbeiten: ob sorgfältig oder schludrig, organisiert oder chaotisch, verschnörkelt oder logisch. Ihre Chancen, den gewünschten Arbeitsplatz zu bekommen, steigen in dem Maße, wie Sie schriftlich brillieren und beweisen, daß Sie klar formulieren und überzeugend darstellen können.

Zeit nehmen

Ein Punkt, der oft unterschätzt wird: Eigenwerbung benötigt viel Zeit. An einem Anschreiben acht Stunden lang zu »sitzen«, ist durchaus nicht ungewöhnlich, alte Hasen schaffen es vielleicht in der Hälfte der Zeit.

Bewerbungsprofis entwickeln übrigens drei alternative Anschreiben, um diese einer selbst gewählten »Personalkommission« vorzulegen. Durch Tips und kritische Anregungen von anderen läßt sich das Bewerbungsanschreiben oftmals wesentlich verbessern und von Mal zu Mal überzeugender gestalten.

Werbepsychologie einsetzen

Denken Sie daran: Es geht um den ersten guten Eindruck, den Sie hinterlassen wollen. In der Werbepsychologie gibt es eine Grundformel, die beschreibt, wie Wirkung erzielt werden kann, und die Sie sich für alle Ihre Bewerbungsschritte zu eigen machen sollten: die AIDA-Formel.

AIDA steht in diesem Zusammenhang für
A = attention (Aufmerksamkeit erzeugen)
I = interest (Interesse wecken)
D = desire (Wunsch zur Einladung zum Vorstellungsgespräch auslösen)
A = action (die Handlungsaktivität »Einladen« provozieren).

Interesse wecken

Es kommt darauf an, daß Sie Aufmerksamkeit und Interesse wecken, um den Schritt »Einladung zu einem Vorstellungsgespräch« auszulösen. Stellen Sie alle wichtigen Argumente, die Sie vorzubringen haben, in kurzer, komprimierter Form dar. Der Leser, Ihr zukünftiger Arbeitgeber, soll neugierig gemacht werden auf Ihre weiteren Unterlagen und natürlich auf ein persönliches Kennenlernen.

Das Schlagwort »time is money« bedeutet in diesem Zusammenhang, daß Arbeitgeber Ihnen nicht viel Zeit lassen, sich zu bewähren. Häufig treffen sie schon beim Lesen des Anschreibens die Entscheidung, ob Sie für weiteren Kontakt in Frage kommen oder ob gleich die nächste Bewerbung zur Hand genommen und Ihnen eine Absage erteilt wird. Ein US-Psychologe machte bloße 10 Sekunden als durchschnittliche Zeit aus, die über ein Ja oder Nein entscheidet.

Nicht zu ausführlich

Mit Rücksicht auf die Arbeitgeberpsyche (»Immer gehetzt, immer unter Strom«) sollten Sie jedenfalls die goldene Regel berücksichtigen: In der Kürze liegt die Würze. Am besten ist ein Anschreiben von einer Seite (optimal: nicht mehr als fünf, sechs Sätze). Vertretbar sind maximal eineinhalb Seiten, wenn Sie wirklich etwas ungewöhnlich Wichtiges zu kommunizieren haben.

Natürlich mögen Sie Gründe haben, warum Sie nicht mit weniger als zwei Seiten auskommen. Aber damit erzeugen Sie beim eiligen Leser schon mehr als nur Ungeduld. Mit drei oder mehr Seiten sind Sie mit absoluter Sicherheit aus dem Rennen. Zwanghafte Personalchefs legen übrigens bisweilen bei ihnen eingehende Bewerbungsunterlagen auf die Briefwaage und bei klarem Übergewicht sofort auf den Absagestapel.

Inhaltlicher Aufbau

Die Anrede

Haben Sie auch gelernt, daß Geschäftsbriefe mit der Floskel »Sehr geehrte Damen und Herren« zu beginnen haben? In einem Bewerbungsanschreiben kann diese Formel einen groben Fehler darstellen. Nämlich dann, wenn aus der Anzeige hervorgeht, daß eine bestimmte Person diese Bewerbung entgegennimmt. An ihn oder sie müssen Sie das Bewerbungsanschreiben namentlich adressieren. Das allgemeine »Sehr geehrte Damen und Herren« könnte von Ihrem potentiellen Arbeitgeber als Schludrigkeit gedeutet werden.

Dies ist nur ein Beispiel dafür, wie aufmerksam Sie mit der Anzeige umgehen sollten. Sie kommen nicht darum herum, auf den Text im Stellenangebot Bezug zu nehmen. Wenn Sie sich unaufgefordert bewerben, müssen Sie sich vorher (z.B. telefonisch) informieren, an wen Sie am besten Ihr Anschreiben adressieren, um dann klar herauszustellen, was Sie anzubieten haben.

Ihre Qualitäten

Versuchen Sie, zu erklären, warum Sie der richtige Bewerber für die zu besetzende Stelle sind. Was sind Ihre Qualifikationen und Qualitäten, die z.B. den im Anzeigentext genannten Anforderungen entsprechen? Garantiert falsch: 08/15-Anschreiben, die verschickt werden wie eine Massensendung.

Um einen besseren Eindruck zu machen, beantworten Sie folgende Fragen: Warum bewerben Sie sich, wo stehen Sie jetzt, und was sind Ihre Ziele? Antworten auf diese Fragen sollten aus Ihrem Anschreiben ebenso klar wie knapp hervorgehen. Schreiben Sie vier bis maximal zehn Sätze auf nicht mehr als einer Seite. Beenden Sie Ihren Brief mit der Bitte um ein Vorstellungsgespräch, der Grußformel, Ihrer Unterschrift und dem Hinweis auf die Anlagen.

Auftakt

Zum Lesen verführen

Jeder Journalist muß seine Leser mit dem ersten Satz neugierig machen, fesseln und zum Weiterlesen »verführen«. Denn Leser sind ungeduldig. Genau dasselbe gilt auch für Chefs. Deshalb sollten Sie den Einstieg zu Ihrer Bewerbung so gestalten, daß Ihr Arbeitgeber »dranbleiben« will. »Hiermit bewerbe ich mich um . . .« oder »Ich beziehe mich auf Ihre Anzeige . . .« sind stereotype und sehr langweilige Einstiege. Als Richtlinien für den Anfang gelten: Spannung erzeugen – Interesse wecken – Freundlichkeit vermitteln.

Hier einige mögliche Eröffnungen:

In Ihrer Anzeige vom... suchen Sie eine/n...

Sie beschreiben eine berufliche Aufgabe, die mich besonders interessiert...

Ich beziehe mich auf die von Ihnen ausgeschriebene Position...

Mit großem Interesse habe ich Ihre Anzeige gelesen und möchte mich Ihnen als... vorstellen

Sie suchen einen...

Ich bin... und habe mit großem Interesse... gelesen...

Die von Ihnen ausgeschriebene Position/Aufgabe...

Ich stelle mich Ihnen als... vor und habe großes Interesse an ...

Mittelteil

Im Hauptteil Ihres Briefes liefern Sie alle Informationen, die wirklich substantiell sind. Sie müssen hier in kurzer und prägnanter Form darstellen, warum Sie sich bewerben und weshalb gerade Sie der richtige, geradezu ideale Bewerber sind. Vermitteln Sie, daß Sie genau ins Anforderungsprofil der Firma passen.

Schluß

Auch hier nicht in Plattheiten abgleiten, sondern einen freundlich-verbindlichen Schlußton setzen. Der letzte Satz klingt immer noch ein paar Momente im Gedächtnis nach.

Hingucker PS

Nutzen Sie eventuell die Gelegenheit, durch ein PS nochmals auf sich und Ihr Anliegen aufmerksam zu machen. Führen Sie einen Aspekt an, der Ihnen einen zusätzlichen Pluspunkt bringt. Vielleicht gefällt das freundliche Postskriptum. Aufmerksamkeitsanalysen haben ergeben, daß auf einer Briefseite das Postskriptum nach der Bezugzeile (oder einer anderen Überschrift) die größte Beachtung findet.

Einige Abschlußsätze:

Wenn ich/meine Bewerbung Ihr Interesse geweckt habe/hat, freue ich mich über eine Einladung zu einem Vorstellungsgespräch.

Sollten Ihnen meine Bewerbungsunterlagen zusagen, stehe ich Ihnen gern für ein Vorstellungsgespräch zur Verfügung.

Wenn Sie nach Durchsicht der Unterlagen weitere Informationen bzw. ein erstes persönliches Gespräch wünschen, so stehe ich hierfür gern zur Verfügung.

Ich würde mich freuen, wenn Sie mich nach Prüfung der Unterlagen zu einem Vorstellungsgespräch einladen. Hier könnten wir dann gegebenenfalls weitere Details (z.B. Eintrittstermin, Gehalt) besprechen.

Über die Einladung zu einem Gespräch freue ich mich.

Für alle weiteren Auskünfte stehe ich Ihnen gerne in einem persönlichen Gespräch zur Verfügung.

Schriftliche Bewerbungssonderformen

Sie kennen die häufigste Bewerbungsform, nämlich die Antwort auf eine Stellenanzeige, aus eigener Erfahrung. Wir möchten Ihnen hier einige Sonderformen vorstellen, auf die Sie im Laufe Ihres »Bewerbungsmarathons« sicher ebenfalls stoßen werden:

- die Bewerbung auf eine Chiffre-Anzeige
- die Kurzbewerbung
- die unaufgeforderte Bewerbung.

Die Chiffre-Anzeige

Chiffre-Anzeigen haben die Funktion, die Identität des Inserenten zunächst nicht preiszugeben, um diesen zu schützen. Folgende Gründe könnten auf Arbeitgeberseite dahinter stehen: Man möchte nicht, daß durch frühzeitiges Bekanntwerden der Stellenausschreibung unter den Mitarbeitern Unruhe aufkommt und Spekulationen entstehen. Oder die Konkurrenz soll nicht von der geplanten Veränderung Wind bekommen. Oder das Unternehmen hat gerade ein beschädigtes Image, und man umgeht so eine mögliche Bewerbungshemmschwelle.

Die Kurzbewerbung

Auf Chiffre-Anzeigen können Sie mit einer Kurzbewerbung antworten. Sie enthält nur das Bewerbungsanschreiben und eventuell einen kurzen Lebenslauf mit Foto. Die weiteren Unterlagen reichen Sie erst dann nach, wenn dies ausdrücklich gewünscht ist. Weisen Sie in Ihrem Anschreiben darauf hin, daß Sie auf Wunsch gern ausführliche Bewerbungsunterlagen nachreichen.

Bei Chiffre-Anzeigen und bei Kurzbewerbungen ist es durchaus üblich, den derzeitigen Arbeitgeber zu umschreiben, statt den konkreten Namen zu nennen. Z.B. schreiben Sie anstelle von »Ich arbeite bei der Optiker-Firma Fielmann in Berlin«: »Ich arbeite in der Filiale eines der großen deutschen Optiker-Einzelhandelsunternehmens«. Die Kunst besteht bei dieser Variante darin, die derzeitige Tätigkeit möglichst genau zu beschreiben, ohne den aktuellen Arbeitgeber zu benennen.

Denn genauso, wie Unternehmer bisweilen für sich in Anspruch nehmen, zunächst inkognito zu bleiben, so können auch Sie Gleiches geltend machen. Sie sind nicht verpflichtet, sich in dieser ersten Bewerbungsphase zu »outen«.

Jeder Bewerber hat ein berechtigtes Interesse, seine Veränderungsabsichten nicht zu früh publik zu machen. Der künftige Arbeitgeber könnte ja den bisherigen anrufen und Ihren jetzigen Vorgesetzten neugierig fragen: »Wie sind Sie denn mit XY zufrieden?«. Sie hätten dann vermutlich an Ihrem Noch-Arbeitsplatz mit Nachteilen zu rechnen.

Das läßt sich auch auf andere Art und Weise verhindern. Den

künftigen Chef können Sie von Nachfragen an Ihren derzeitigen zurückhalten, indem Sie in Ihrem Schreiben die deutliche Bitte formulieren, alle Angaben strikt vertraulich zu behandeln.

Um Vertraulichkeit bitten

Mancher Bewerber fürchtet, sich bei einer Chiffre-Anzeige unwissentlich bei seinem derzeitigen Arbeitgeber zu bewerben. Um dies zu verhindern, empfiehlt es sich, einen »Sperrvermerk« zu verwenden. Das bedeutet: Die Bewerbungsunterlagen für die Chiffre-Anzeige kommen in einen doppelten Umschlag. Der erste erhält die Chiffre-Nummer, den zweiten adressieren Sie zusammen mit einem Begleitschreiben an die Anzeigen-Abteilung der betreffenden Zeitung. Im Schreiben an die Zeitung bitten Sie darum, die Bewerbungsunterlagen in dem separaten Umschlag nur dann weiterzuleiten, wenn der Anzeigen-Inserent nicht die Firma XY ist. Andernfalls bitten Sie um Rücksendung mit dem Zusatz »Porto zahlt Empfänger«, oder Sie fügen einen frankierten Rückumschlag bei.

Die Initiativbewerbung

Die unaufgeforderte Bewerbung oder Initiativbewerbung wird meist in Kurzform gehalten. Sie hat den Zweck, beiden Seiten eine Kontaktaufnahme zu ermöglichen. Bei diesem Kontakt soll schnell und ohne Aufwand geklärt werden, wie die Chancen für ein ausführliches Bewerbungsverfahren stehen. Die unaufgeforderte Bewerbung ist von allen Formen die schwierigste. Sie muß ganz besonders der Dramaturgie der AIDA-Formel genügen.

Das kreative eigene Stellengesuch

Was halten Sie denn davon: Sie drehen den Spieß einmal um, ergreifen selbst die Initiative und bieten sich mit einer Stellengesuchanzeige aktiv an. Inhaltlich wäre sicher statt »Gesuch« das Wort »Angebot« angemessener und schon bereits Teil der Lösung der vor Ihnen liegenden Aufgabe: Wie gestalten Sie eine erfolgreiche (Stellengesuch-)Anzeige?

Kleine Vorübung: Studieren Sie zu Ihrer Anregung einmal die entsprechenden Rubriken in Tages- und Wochenzeitungen sowie Fachzeitschriften. Hier gilt natürlich ganz besonders das Prinzip »Werbung in eigener Sache« (Stichwort AIDA, s. S. 40).

Ausgangspunkt und Basis der Gestaltung eines erfolgreichen Stellengesuches sind kurze, prägnante Antworten auf die Ihnen schon bekannten Fragen: Was kann ich? Was will ich?

Die richtige Überschrift

Ist die von Ihnen gewählte Überschrift wirklich ein »Hingukker« und zudem auch noch aussagekräftig? Vermeiden Sie in den wenigen Fließtextzeilen Allgemeinplätze wie »flexibel«, »kreativ« u. ä. sowie zu viele »Wortverstümmelungen« durch Abkürzungen.

Die Analyse von in Zeitungen veröffentlichten Stellengesuchanzeigen wird Ihnen dabei helfen, Ihren eigenen Text zu gestalten. Was gefällt und was mißfällt Ihnen an den Anzeigen anderer Inserenten? Welchen Inserenten würden Sie einladen, wenn Sie Arbeitsplatzanbieter wären – z. B. in der Branche, in der Sie jetzt tätig sind und die Sie am besten kennen?

Neben dem gut formulierten Text, Ihrer Werbebotschaft, kommt es bei Stellengesuchen auf den richtigen Zeitpunkt an – einmal von Ihnen aus betrachtet (also nicht gerade, bevor Sie für sechs Wochen in Urlaub fahren!) sowie aus der Sicht des potentiellen Arbeitgebers (salopp formuliert: Weihnachtsmänner sind zu Ostern noch nicht gefragt, aber im November käme ihr Stellengesuch schon fast zu spät).

Interessante Chancen

Verdeutlichen Sie sich, in welcher Situation ein Interessent ist, der sich auf Stellengesuchanzeigen meldet: Möglicherweise besteht großer Zeitdruck (z. B. der Ausfall eines Mitarbeiters, akuter Unterstützungsbedarf) oder das Bewußtsein, daß hinter der aktiven Anzeige ein besonders kluger Kopf voller Initiative und Motivation steckt. Beide Aspekte dürfen Sie (mehr oder weniger zwischen den Zeilen) in Ihrem Anzeigentext ansprechen bzw. zum Ausdruck bringen.

Versuchen Sie, sich durch Ihre Anzeige positiv von anderen Anbietern abzuheben. Verdeutlichen Sie das Besondere Ihres Angebotes.

Dabei ist auch die Auswahl des richtigen Mediums für Ihr Stellengesuch von großer Bedeutung – Stichwort (über-) regional. Ein Theologe beispielsweise, der sein Stellengesuch in der Sylter Tageszeitung oder im Architektenfachblatt plaziert, liegt »voll daneben«.

Angemessenheit

Der richtige Rahmen, die Größe Ihrer Anzeige ist ebenfalls wichtig. Eine Sachbearbeiterin, die mit einer viertel Seite für sich wirbt, investiert nicht nur viel Geld (ab 5.000 DM aufwärts), sondern würde auch Befremden auslösen. Dagegen dürfte ein Manager, der ein Jahresgehalt von 100.000 DM und mehr anstrebt, mit einer einspaltigen 20-mm-Kleinanzeige (für weniger als 200 DM) allenfalls einen Heiterkeitserfolg ernten.

Gehen Sie auch davon aus, daß es vielleicht mit einer einmaligen Anzeige nicht getan ist. Eine Tageszeitung, eine Wochenzeitung und eine Fachzeitung wären z. B. ein guter Mix. Aber auch eine Wiederholung Ihrer Anzeige vier Wochen später ist allemal den Versuch wert. Bloß nicht zu schnell aufgeben, was natürlich auch eine Frage des Geldes ist. Zu den Anzeigenkosten: kalkulieren Sie etwa 1 bis 2% Ihres angestrebten Jahresgehalts.

Vorbereitet sein

Nicht nur der Inhalt, sondern auch Zeitpunkt, Auswahl, Plazierung und Größe Ihres Stellengesuches sind also wichtige Faktoren, die es zu bedenken gilt. Wenn dann interessante Angebote kommen, müssen Sie Ihre Bewerbungsunterlagen – Ihren sog. Werbe- und Verkaufsprospekt in eigener Sache – schnell versandfertig haben.

Das Wichtigste zusammengefaßt

Das Bewerbungsanschreiben ist das erste schriftliche Dokument und damit eine Arbeitsprobe, die einem potentiellen Arbeitgeber Ihre Persönlichkeit, Ihre Leistungsmotivation und Kompetenz präsentiert. Es geht um Werbung in eigener Sache, offensichtlich eine Unternehmung, die den meisten Bewerbungskandidaten enorm schwerfällt. Keine Übertreibung: 80 % aller Bewerbungsunterlagen werden sofort aussortiert.

Die meisten Kandidaten unterschätzen den zeitlichen Aufwand, der notwendig ist, um ein wirklich gutes, argumentativ überzeugendes, interessantes Bewerbungsanschreiben zu erstellen. Acht bis zehn Stunden – zumindestens für eine erste Version – sind keine Seltenheit. Dem muß eine gründliche Analyse (wer bin ich – was kann ich . . .) vorausgegangen sein. Ebenfalls wichtig ist eine intensive Auseinandersetzung mit dem Text der Stellenanzeige und dem Hintergrund des Arbeitgebers, den Sie intensiv recherchieren müssen.

Kein Unternehmer wäre heute in der Lage, aus dem Stegreif ein erfolgreiches Produkt am Markt zu plazieren, ohne vorher genaue Analysen über seine Käuferzielgruppe und die Mitbewerber heranzuziehen. Auch Sie müssen sich als Bewerber wie ein Unternehmer verhalten und ein entsprechendes Marketingdenken bezogen auf Ihr »Produkt« –Ihre Arbeitskraft – entwickeln.

Ihr sorgfältig »komponiertes« Bewerbungsanschreiben ist das einzige Argument für die weitere Beschäftigung mit Ihren Bewerbungsunterlagen, also die Voraussetzung für eine Einladung zum Vorstellungsgespräch.

Der immer neue Lebenslauf

Biographische Anpassungsleistungen

Zusammen mit dem Bewerbungsanschreiben ist der Lebenslauf das wichtigste Dokument, das für oder gegen Sie spricht. Ihr Anschreiben kann darüber entscheiden, mit welchem Interesse der Lebenslauf und die weiteren Unterlagen gelesen werden, letztendlich ob Ihre Unterlagen auf dem Stapel »Kommt in Frage« landen.

Ihr Lebenslauf stellt die entscheidende Weiche für eine Einladung zum Vorstellungsgespräch. Eine von uns durchgeführte Befragung der Personalabteilungen führender Unternehmen zeigte: Für 90 % aller Chefs ist die Analyse des Lebenslaufs entscheidendes Auswahlkriterium.

Zehn bis dreißig Stunden

Ähnlich wie beim Anschreiben gilt auch beim Lebenslauf: Die Präsentation muß perfekt sein, die Formulierung sehr sorgfältig. Rechnen Sie mit einem Zeitaufwand von zehn bis dreißig Stunden.

Der tabellarische Lebenslauf gibt Ihrem potentiellen Arbeitgeber in kurzer Form eine Übersicht über Ihren Werdegang. Alle wichtigen Daten sind daraus ersichtlich, Schwerpunkte in Ausbildung und Beruf kann der Leser ohne große Mühe entnehmen. Die Informationen müssen kurz und prägnant sein und in logischem Ablauf aufeinanderfolgen. Achten Sie darauf, daß keine Lücken auftreten bzw. daß Sie diese plausibel erklären.

Anforderungsprofil erfüllen

Vielleicht überrascht es Sie: Jeder Lebenslauf ist nur einmal verwendbar. Lebensläufe sind nicht recycelbar. Denn sie müssen – genauso wie das Bewerbungsanschreiben – der jeweiligen Bewerbung »angepaßt« werden. Aus Ihrem Lebenslauf soll hervorgehen, daß Sie genau dem Anforderungsprofil der angestrebten Stelle entsprechen.

Erneut ist eine Anpassungsübung von Ihnen gefordert. So genial Sie auch sein mögen – erst mal müssen Sie beweisen, daß Sie die Spielregeln beherrschen, sich anpassen können. Wenn Sie das Ritual nicht perfekt mitspielen, haben Sie in der Regel kaum eine Chance, bei Ihrer Bewerbung weiterzukommen.

Natürlich ist es Ihre Entscheidung, inwieweit Sie sich anpassen oder Ihrer Individualität Ausdruck verleihen wollen. Wenn Sie aber als Bewerber nicht bereit sind, für das Vorstellungsgespräch bei einer Bank eine Krawatte umzubinden, werden Sie kaum Glück haben.

Auf sich aufmerksam machen

A propos Individualität: Treten Sie in Ihrem Lebenslauf mit kleinen Zusatzqualifikationen aus der Masse hervor. Vielleicht haben Sie ein berufsspezifisches Ehrenamt oder Engagement, vielleicht ein besonderes Hobby oder eine spezielle Stärke, vielleicht waren Sie im Ausland oder haben sich aus Eigeninitiative weitergebildet.

Als Faustregel gilt: Ihre Freizeitbeschäftigungen sind dann von besonderem Interesse, wenn sie mit dem Arbeitsplatz und seinen Anforderungen in irgendeiner Verbindung stehen. Z.B. ist Ihre aktive Sportbegeisterung und die Tatsache, daß Sie Mannschaftskapitän Ihres Handballteams sind, dann von besonderem Informationswert, wenn Sie einen Beruf wählen, in dem es auf Ihre soziale Kompetenz ankommt. Sportaktive gelten als sozial befähigt. Wenn Sie z. B. Kassenwart in einem Verein waren, zieht ein Personalchef möglicherweise Rückschlüsse auf Ihre Zuverlässigkeit, Genauigkeit und Vertrauenswürdigkeit.

Was unterscheidet Sie von anderen?

Der entscheidende Gedanke bei der Gestaltung des Lebenslaufes ist: Was könnte Sie bei dem angestrebten Arbeitsplatz in den Augen des Arbeitgebers interessant machen, aufwerten und von anderen Mitbewerbern positiv unterscheiden? Bleiben Sie dennoch angemessen bescheiden: Eigenlob stinkt. Und: Weniger ist manchmal mehr. Dennoch: Es geht um Ihre Persönlichkeit, und dabei sagen Ihr Hobby und Ihre Interessen eine ganze Menge über Sie als Mensch.

Vorsicht Psychotricks!

Der Lebenslauf dokumentiert Strukturen Ihrer Lebensführung. Geübte Personalchefs entdecken in diesem Dokument (oder glauben es zumindest) Grundlinien Ihrer Biographie und damit auch wesentliche Charaktermerkmale. Gestaltung und Inhalt des Lebenslaufes lassen Rückschlüsse darauf zu, wie Sie Ihr Leben anpacken. Aufrecht, sorgfältig, zwanghaft oder etwa kleinlich. Seien Sie also darauf gefaßt, und geben Sie negativen Interpretationen keine Chance. Halten Sie sich an bewährte Regeln.

Die Analyse

Zwei Aspekte sind es primär, denen die Personalchefs und Arbeitgeber beim Studium Ihres Lebenslaufes nachgehen: Zeitfolge- und Positionsanalyse.

Die Zeitfolgeanalyse wird erstellt, um möglichen Lücken in Ihrer Biographie auf die Spur zu kommen. Hinter »weißen Stellen« vermutet man Ungutes. Genauer unter die Lupe nimmt Ihr Chef auch die Zahl der Arbeitsplätze in einem bestimmten Zeitraum: Findet ein Arbeitsplatzwechsel in zu kurzen Abständen statt (d.h. deutlich unter fünf Jahren), deutet das auf Schwierigkeiten oder mangelndes Durchhaltevermögen hin.

Bei jüngeren Bewerbern sieht dies jedoch anders aus als bei älteren. Wer jung ist, darf ausprobieren. Umgekehrt gilt: Wer erst nach zehn oder fünfzehn Jahren wechselt, dokumentiert Ängstlichkeit und mangelnde Flexibilität. Das sieht dann nach geringer Risikobereitschaft und mäßigem Lernwillen aus.

Die Positionsanalyse untersucht Auf- und Abstieg, Berufs- und Arbeitsgebietswechsel. Der Chef fragt sich: Ist Ihre Biographie geradlinig und logisch nachvollziehbar? Kann man in ihr eine Lebens- oder sogar Laufbahnplanung entdecken? Haben Sie ziellos im Leben mal dies, mal jenes gemacht? Sind Sie planvoll und konsequent vorgegangen oder ein Hans-Dampf-in-allen-Gassen?

Form, Gliederung und Inhalt

Form

Was ist für die Gestaltung Ihres Lebenslaufs das Wichtigste? Ein Lebenslauf gehorcht den Prinzipien Kürze und Klarheit. Die Informationen und Argumente, die für Ihre Person sprechen, müssen auf den ersten Blick ins Auge stechen.

Optische Klarheit

Maschinen- und computergeschriebene Lebensläufe helfen, diese Kürze und Klarheit auch optisch zu transportieren. Eine bis maximal drei Seiten sollten Sie dafür veranschlagen. Handgeschriebene Lebensläufe sind nur auf ausdrückliche Aufforderung hin einzureichen.

Wir halten dies im übrigen für völligen Sadismus - ein handgeschriebener Lebenslauf kann nie gut aussehen und sprengt auch vom Platz her mit Sicherheit den Rahmen. Unser Ratschlag in dieser Angelegenheit: Widersetzen Sie sich diesem Wunsch, und steuern Sie lieber ein anderes handgeschriebenes Blatt bei, auf dem Sie eine zusätzliche Werbung in eigener Sache plazieren (siehe auch S. 59).

Gliederung

Chronologisch

Grundsätzlich sind zwei Möglichkeiten zu unterscheiden, wie Sie Ihren Lebenslauf gliedern können. Am meisten verbreitet ist die chronologische Variante. Sie schreiben die Eckdaten der Zeitfolge nach auf, von der Schulbildung bis zur derzeitigen Tätigkeit. Dabei haben Sie wiederum die Auswahl, ob Sie mit heute beginnen und auf der Zeitachse zurückgehen (sog. französische bzw. amerikanische Form) oder ob Sie die Ereignisse nacheinander erzählen bis zum heutigen Zeitpunkt (sog. deutsche Form).

Mit Oberbegriffen

Die andere Variante arbeitet mit Oberbegriffen. Sie gliedern Ihre Karriere nach Themenschwerpunkten und nicht nach zeitlicher Abfolge.

Ein Beispiel zur Verdeutlichung:

Name:	Lena Wieser
Geburtsdatum:	30.08.1957
Familienstand:	verheiratet, ein Kind
Schulbildung:	1975 Abitur am Bonhoeffer-Gymnasium Hamburg
Berufsausbildung:	1980–1990 Studium der Philosophie und Germanistik . . .
Arbeitspraxis:	1976–1980 Sachbearbeiterin in der Uni-Verwaltung 1984–1987 Familienphase 1985–1986 Auslandsjahr in Wien usw.

In unserem Beispiel war Frau Wieser zehn Jahre lang als Studentin eingeschrieben. Während dieser Zeit bekam sie ein Kind und zog für einige Zeit nach Österreich. Da sie ihren Lebenslauf nicht in allen Details erzählen will und auch gar nicht Monat für Monat ein »Stückchen Karriere« vorweisen kann, bietet sich diese Art der Darstellung an. Längere Pausen, wie sie zum Beispiel durch Mutterschaft entstehen, können so geschickt umgangen werden – bei aller nötigen Vorsicht!

Auch wenn Sie kaum Berufspraxis haben, können Sie Ihren Lebenslauf so darstellen.

Inhalt

Nochmals: Dem Lebenslauf will man entnehmen, ob Sie sowohl aufgrund Ihrer fachlichen Kompetenz wie auch aufgrund Ihrer Persönlichkeit für den offerierten Arbeitsplatz geeignet sind.

Kann-Bestimmungen

Viele Angaben im Lebenslauf sind »Kann-Bestimmungen«. Die Angabe des Familienstandes ist beispielsweise nicht zwingend notwendig. Abzuraten ist von Selbstbeschreibungen wie »geschieden« oder »wiederverheiratet« – ggf. schreiben Sie »verheiratet« oder »unverheiratet«. Besonders Frauen sollten sich davor hüten, die Zahl und das Alter der kleinen Kinder, womöglich gar deren Namen zu nennen. Andererseits kann es von Vorteil sein, das Alter der Kinder anzugeben, wenn sie aus den betreuungsintensivsten Jahren (0–12 Jahre) heraus sind. Auf diese Weise können Sie eventuelle Arbeitgeberängste entkräften, wegen Ihrer Kinder nicht voll einsatzfähig zu sein.

Besonders bei Frauen sind die beruflichen Wege oft verschlungen. Hüten Sie sich aber vor allzu großer Bescheidenheit. Wenn Sie eine Kinder- und Familienphase hinter sich haben, so gibt es da überhaupt nichts zu verstecken. Sie waren nicht »Nur-Hausfrau«, sondern sozusagen Chefin eines kleinen Familien-Unternehmens. Sie haben zu Hause gelernt, einen »Betrieb« am laufen zu halten und dessen Mitglieder fortwährend zu motivieren. Auf den Gebieten soziale Kompetenz, Organisationsvermögen, Flexibilität, Belastbarkeit und Zeitmanagement macht Ihnen so leicht niemand etwas vor.

Orientierungsschema

Folgendes Schema kann eine Orientierung für die Gestaltung Ihres Lebenslaufs sein. Nehmen Sie dieses Gerüst als Basis, um Ihren eigenen Lebenslauf weiterzuentwickeln:

1. Persönliche Daten
   - Vor- und Zuname
   - Anschrift, Telefon (besser auf der Deckblattseite, s. S. 81ff.)
   - Geburtsdatum und -ort
   - Religionszugehörigkeit (nur wenn arbeitsplatzbezogen wichtig)
   - Familienstand, ggf. Zahl und Alter der Kinder
   - ggf. Name und Beruf des Ehepartners (muß nicht sein)
   - Staatsangehörigkeit (bei Ausländern)
2. Schulausbildung
   - besuchte Schulen (Typen)
   - Schulabschluß (Zeitangabe in Jahren)
3. Hochschulstudium
   - Fach/Fächer

- Universität und Abschlüsse
- ggf. Schwerpunkte
- ggf. Thema der Examensarbeit/Promotion

4. Berufstätigkeit
   - Art der Berufsausbildung
   - Ausbildungsfirma/-institution (mit Ortsangabe)
   - Abschluß/Berufsbezeichungen
   - Positionen, evtl. Kurzbeschreibung
   - Arbeitgeber (Orte und Zeitangaben)
5. Berufliche Weiterbildung
   - Alles, was mit der Berufspraxis in Zusammenhang steht.
6. Außerberufliche Weiterbildung
   - Kurse. Vorsicht bei der Auswahl:
     Fremdsprachen ja, Fallschirmspringen und Psychokurs nein
7. Besondere Kenntnisse
   - Fremdsprachen, EDV, Führerschein, andere Scheine und Qualifikationen
8. Hobbys/Interessen, ehrenamtliches oder soziales Engagement, Sport, Politik
   - Überlegen Sie stets, welches Bild Sie dabei von sich entwerfen und ob diese Tätigkeiten zu Ihrer Bewerbung um diesen Arbeitsplatz passen.
9. Sonderinformationen
   - z. B. über Auslandsaufenthalte, Praktika
   - Hier könnten Sie auch eine zusätzliche Erklärung unterbringen, warum Sie diesen Arbeitsplatz wünschen.
10. Foto
    - Ein professionelles Foto z.B. oben rechts auf den Lebenslauf kleben oder besser auf eine Deckblattseite (s. S. 81 ff.). Das Foto nicht klammern oder heften (wie gehen Sie mit sich um?!)

Hinweise

Angaben über Ihre Glaubensrichtung und Ihre gewerkschaftliche oder politische Orientierung gehören nur in wirklich begründeten Ausnahmefällen (z.B. Bewerbung bei Kirche/Gewerkschaft/Partei), Ihre Vermögensverhältnisse und Ihr Gesundheitszustand grundsätzlich nicht in den Lebenslauf.

Unzulässige Fragen

Leider werden derartige Informationen oft später unzulässigerweise im Personalfragebogen abgefragt. Uns ist das Beispiel eines großen Verlages in Berlin bekannt, der seinen Bewerberinnen folgende Frage vorlegt: »Fallen Sie zur Zeit unter die gesetzlichen Bestimmungen des Mutterschutzes?«

Diese vom Betriebsrat ausdrücklich als unzulässig bezeichnete Frage wird trotzdem in den Fragebögen belassen. Aus Kalkül: Denn wer wagt es schon, durch Nichtbeantworten dieser Frage auf sich aufmerksam zu machen? Bei der betriebsärztlichen Untersuchung werden im gleichen Verlag die Daten der Familie abgefragt: Sind Familienmitglieder an Krebs oder chronischen Krankheiten gestorben? Tauchen in der Familie Geistes- oder Gemütskrankheiten auf? Sind Sie schon operiert worden, und wenn ja, an welchen Organen? Alles vollkommen unzulässige Fragen!

Dies nur als Beispiel, daß selbst große Unternehmen, die es eigentlich besser wissen müßten, mit diesen Tricks versuchen, in die Intimsphäre zu dringen und mehr über Bewerber zu erfahren, als statthaft ist.

Notwehr

Sie sollten in einem solchen Fall wissen, daß Sie bei unzulässigen Fragen im Bewerbungsverfahren das verbriefte Recht auf Notlüge haben (s. S. 134).

Verzichten Sie darauf, im Lebenslauf Ihre Eltern zu erwähnen. Das ist »mega-out« und heutzutage längst nicht mehr üblich. Es zeugt sogar von einer gewissen Uneigenständigkeit. Wenn Ihre Eltern berühmte Leute sind, deren Namen Eindruck hinterlassen, ist das Ganze um so peinlicher. Wollen Sie wegen Ihrer Fähigkeiten oder wegen Ihres guten Elternhauses eine Stelle?

Unterlassen Sie überflüssige Informationen. Wenn Sie studiert haben, brauchen Sie nicht auf Ihren Grundschulbesuch hinzuweisen. Ebensowenig interessiert das Abi-Zeugnis nach zehn Jahren Berufserfahrung.

Jeder Lebenslauf muß frisch getippt/gedruckt sein. Schicken Sie keine Kopie, das kränkt den Empfänger.

Kopie für Sie

Behalten Sie aber, das wollen wir wiederholt betonen, für sich selbst stets eine Kopie aller abgeschickten Unterlagen. Nur dann wissen Sie genau, was der Arbeitgeber schwarz auf weiß von Ihnen in Händen hält. Das Gedächtnis kann nämlich nach vier bis sechs Wochen recht trügerisch sein. Lesen Sie alle Details nach, bevor Sie zu Ihrem Vorstellungsgespräch gehen.

Überprüfen Sie Ihren Lebenslauf nochmals auf folgende Punkte:

- Weist Ihre Chronologie »weiße Flecken« auf?
- Stimmen die Daten des Lebenslaufs mit denen der Zeugnisse und Arbeitsnachweise überein?
- Ist Ihr Lebenslauf speziell auf den angestrebten Arbeitsplatz zugeschnitten?
- Haben Sie Ort, Datum und linksbündige Unterschrift auch nicht vergessen?

Etwas Neues: die dritte Seite

Was Sie sonst noch von mir wissen sollten…

Warum eine dritte Seite als Anlage zum Lebenslauf? Die im Bewerbungsanschreiben vorgetragenen Informationen und »Verkaufsargumente« werden in der Regel vom auswählenden Leser wegen der Vielzahl der eingehenden Bewerbungsunterlagen und des Zeitdrucks viel zuwenig beachtet.

So wird häufig lediglich der Anschreibentext flüchtig überflogen (30 Sekunden bis maximal 1,5 Minuten), um sich dann der beigefügten Bewerbungsmappe – insbesondere dem Foto des Bewerbers – seinen Interessen, Hobbys oder sonstigen Kenntnissen, den formalen Ausbildungs- und Arbeitsdaten genauer zuzuwenden.

Erst wenn dies geschehen ist und ein positives Zwischenresultat im Kopf des Lesers Platz gegriffen hat, werden die weiteren Anlagen – meist Arbeits- und Ausbildungszeugnisse – gelesen.

Überraschungsmoment

In diesem Moment stößt der Personalchef auf die für ihn neue, unerwartete Seite in Ihren Bewerbungsunterlagen mit der »verheißungsvollen« Überschrift:

Was Sie sonst noch von mir wissen sollten . . .
Wer könnte da widerstehen? Dieser Text wird bestimmt sehr aufmerksam gelesen und zur Kenntnis genommen. Wem es an dieser Stelle gelingt, in wenigen kurzen Sätzen das richtige Bild zu vermitteln, kann – wenn die anderen Eckdaten stimmen – mit einer Einladung zum Vorstellungsgespräch rechnen.

Ihre Chance

Diese dritte Seite hebt Sie positiv von der Menge der eingesandten Bewerbungsunterlagen ab. Eine fantastische Chance für Sie als Bewerber, als »Drehbuchautor« und »Regisseur« Ihrer »Verkaufs-« (d. h. Bewerbungs-) Unterlagen.

Diese zusätzliche, sich an den Lebenslauf, beruflichen Werdegang etc. anschließende Seite ist in dieser Form neu und eine besondere, erfolgreiche Entwicklung, die vielen von uns beratenen

Bewerbern (s. S. 223) eine Einladung zum Vorstellungsgespräch eingebracht hat.

Etwas bekannter und bereits Bewerbungsstandard ist an dieser Stelle vielleicht eine Extraseite mit der Auflistung von Publikationen (so Sie welche zu verzeichnen haben, ggf. Diplomarbeit o. ä., Kurzzusammenfassung, Ergebnisse), der Skizzierung von besuchten Fortbildungsveranstaltungen, besonderen Arbeitsschwerpunkten oder Projekten, die für Sie als den richtigen Kandidaten sprechen.

Bisweilen wird immer noch eine Handschriftenprobe abverlangt (s. S. 74), und manche Kandidaten schreiben dann offensichtlich in Ermangelung einer kreativen Idee skurrile Texte aus der Zeitung ab, was auch eine Art dritte Seite darstellt.

Ihre Verkaufsargumente

Unsere dritte Seite kann zusätzlich oder alternativ verwendet werden und transportiert richtig konzipiert die entscheidenden Argumente, warum *Sie* als Bewerber unbedingt in die engere Auswahl gehören, also zum Vorstellungsgespräch eingeladen werden und den vakanten Arbeitsplatz einnehmen sollten.

Ob handschriftlich mit blauer Tinte oder wie die anderen Seiten per Laser/Tintenstrahl erstellt – mit dem richtigen Konzept, einer guten Formulierung und der trotz allem notwendigen Kürze erreichen Sie die optimale Aufmerksamkeit des auswählenden Lesers.

Die Gestaltungsdetails

Papier

Es empfiehlt sich, das gleiche Papier zu nehmen wie für die vorangegangenen Seiten (etwas schwereres, festes Papier mit Wasserzeichen). Denkbar wäre aber auch ein ganz besonderes, wertvolles Papier, wie es z.B. für Urkunden verwendet wird. In jedem Fall muß es sich gegenüber den übrigen folgenden Anlagen (Zeugniskopien etc.) deutlich positiv abheben.

Überschrift

Headline

Sie hat die Funktion zu überraschen, Interesse und Neugierde zu wecken und inhaltlich kurz auszusagen, worum es geht. Hier weitere Beispiele:
Zu meiner Bewerbung
Meine Motivation
Warum ich mich bewerbe
Zu meiner Person
Ich über mich
Was mich qualifiziert
Warum ich?

Der Kreativität sind fast keine Grenzen gesetzt. Überschrift und Text sollten aber passen! Eventuell machen Sie die Headline handschriftlich. Am besten erst mal die zu vermittelnde Botschaft zu Papier bringen und dann die geeignete Titelzeile formulieren.

Aufbau

Was sind die Argumente und Aussagen, was ist Ihre Botschaft, die bei dem auswählenden Leser Ihr Ziel erreicht, eine Einladung zum persönlichen Gespräch bewirkt?

Da Sie etwa 7 bis maximal 15 Zeilen zur Verfügung haben…
(Breite bitte nicht mehr als etwa 60 Anschläge, übliche Schriftgröße, bloß nicht zu klein, fürs Auge zu beschwerlich, grafisch unappetitlich)
… ist hier der entscheidende Platz, Ihre Person entsprechend vorzustellen.

Inhalt

Persönliches – aber manchmal ist weniger mehr

Thematisch kommen Aussagen zu Ihrer Person, Motivation und Kompetenz in Frage. Versuchen Sie aber bloß nicht, zu viele Informationen auf diese eine Seite zu pressen, das würde eher einen nachteiligen Eindruck erzeugen.

Inhaltlich darf die von Ihnen gewählte Botschaft in Zusammenhang stehen mit Aussagen im Anschreiben, mit Lebenslauf- und Arbeitsplatzstationen und darüber hinaus noch etwas persönlicher, pointierter formuliert sein.

Keine Aufzählungen

Wie gesagt: darf, muß aber nicht. Bloße Aufzählungen wie: Ich bin der Größte, Schnellste, Schönste etc. überzeugen wenig, bewirken eher das Gegenteil. Nicht die pure Aneinanderreihung bringt's, sondern die für den Leser nachvollziehbare – weil auch im Lebenslauf erkennbare – (logische) Argumentation.

Abschluß

Ob Sie zum Abschluß mit königsblauer Tinte unterschreiben oder nicht (Ort, Datum?), steht Ihnen frei. Wir jedenfalls empfehlen es.

Das Wichtigste zusammengefaßt

Bei der Erstellung des Lebenslaufes stehen Sie vor einer biographischen Anpassungsleistung - der Annäherung Ihres Lebenslaufes an die Anforderungskriterien der von Ihnen angestrebten Position.

Unsere dritte Seite ist eine Weiterentwicklung und unterscheidet sich wesentlich von sog. Handschriftenproben, Tätigkeitsprofilen, Publikationslisten, einer Kurzfassung der Abschlußarbeit (Promotion, Diplom-, Magisterarbeit usw.). Inhaltlich geht es um zwei zentrale Aspekte: Ihre Persönlichkeit und/oder Ihre Kompetenz. Ideal ist immer eine Kombination, wobei der deutliche Schwerpunkt bei Ihren Persönlichkeitsmerkmalen liegen sollte.

Anschreiben, Lebenslauf und dritte Seite formieren sich zu einer Art Dreiklang. Was für ein Unternehmen seine *Corporate Identity* ist, ist für Sie die in Variationen erfolgende Wiederholung Ihrer Hauptbotschaft, gut verteilt auf Anschreiben, Lebenslauf und dritte Seite.

Die Anlagen

Das A und O der schriftlichen Vorstellung

Häufig genug vernachlässigt: Das Drumherum, die Beigaben zu Ihrer schriftlichen Bewerbung. Nicht nur Anschreiben und sog. Lebenslauf transportieren Ihre Botschaft, sondern ganz besonders das Foto, aber auch die Anlagen mit den Arbeitszeugnissen sind von entscheidender Bedeutung, wenn Sie in die engere Wahl kommen wollen.

Während das Foto Sympathieträger ist, vermitteln Sie durch ein lesefreundliches, klar gegliedertes Anlageverzeichnis einen leserorientierten, »servicefreundlichen« Eindruck.

Ihr Foto – man will sich ein Bild machen

Angenommen, Sie erhalten einen Brief mit einem Foto: Lesen Sie dann zuerst den Brief, oder werfen Sie zunächst einen Blick auf das beigelegte Foto? – Na also, vermutlich siegt auch bei Ihnen die Neugier. Erst mal einen Blick auf das Foto werfen: Wie sieht der/die denn aus? Aha, er lächelt, wie nett, ein sympathischer Mensch. – Danach erst beginnen Sie mit dem Lesen des Briefes.

Sympathie erzeugen

Ganz genauso ergeht es dem Personalchef. Er wird als erstes das Foto »unter die Lupe nehmen« und sich in Sekundenschnelle ein Urteil bilden: Was für einen Eindruck macht dieser Mensch, wirkt er/sie sympathisch oder unsympathisch? Mürrisch oder freundlich? Zugewandt oder verschlossen? Und mit diesem Bild im Hinterkopf (und der schnellen Meinung, die er sich gemacht hat) beginnt der Chef, Ihre Bewerbung durchzulesen. Auch wenn vom Aussehen abgeleitete erste Eindrücke völlig falsch sein können – und daß sie das oft sind, ist in wissenschaftlichen Untersuchungen zur Genüge nachgewiesen worden –, verlassen sich doch die meisten Personalchefs auf ihre Menschenkenntnis und ihren gesunden Menschenverstand. Daran können wir nichts ändern. Wir können Ihnen aber Tips geben, wie Sie sich erfolgreich präsentieren.

Die Macht der Bilder

Beim Foto geht es selbstverständlich um den ersten Eindruck. Unterschätzen Sie nicht die Macht der Bilder. Wenn Sie mit Ihrem Foto schon zu Beginn des Auswahlverfahrens Sympathie hervorrufen, haben Sie ganz einfach die besseren Chancen. Besonders dann, wenn die papierenen Qualifikationsnachweise doch nicht perfekt sind – und wann sind sie das schon?

Auf vier Kriterien hin wird Ihr Foto analysiert:
- Aussehen/Mimik
- die Kleidung, mit der Sie sich präsentieren
- die fotografische Qualität
- das Format.

Investieren Sie

Es versteht sich von selbst, daß Sie Bewerbungsfotos nicht im Fotofix-Automaten im Bahnhof anfertigen lassen, sondern einen Fotografen aufsuchen. Abgesehen von den automatenüblichen Fehlbelichtungen und verzerrten Farbgebungen wird sich ein solches Billigverfahren auch negativ auf die Beurteilung Ihrer Persönlichkeit auswirken. Man könnte Sie für geizig halten, Ihr Selbstwertgefühl für wenig ausgeprägt, Ihre Motivation für die Bewerbung als zu gering. Ein Personalberater: »Aus der Qualität des Fotos ergibt sich ein Hinweis auf die Zielstrebigkeit des Bewerbers.«

Auch beim Format ist Vorsicht angebracht. Ein winziges Foto legt die Deutung nahe, daß Sie sich nicht wichtig genug nehmen. Umgekehrt spricht ein Postkarten-Porträt Bände über Ihre Eitelkeit. Wählen Sie am besten ein Format etwa von 4,5 x 6 cm (also etwas größer als das normale Paßfotoformat).

Schwarzweiß ist besser

Wir empfehlen übrigens ein Schwarzweißfoto. Das wirkt sowohl zurückhaltender als auch interessanter. Es läßt dem Betrachter mehr Interpretationsmöglichkeiten bei der Beurteilung Ihres Gesichts. Falls Sie dennoch ein Farbfoto vorziehen, wählen Sie dezente Kleidung und – für die Damen – sparsames Make-up.

A propos Kleidung: Von einem offenen Hemdkragen ist ebenso abzuraten wie von einem tiefen Einblick in weibliche Reize.

Wählen Sie die Kleidung, die dem von Ihnen angestrebten Berufsstand angemessen ist. Die Haare sollten gepflegt sein und auf keinen Fall die Augen verdecken – Sie haben doch nichts zu verbergen. Die Herren sollten sich vor dem Fototermin rasieren. Ansonsten gilt: Lächeln Sie, was das Zeug hält, machen Sie ein freundliches Gesicht. Denken Sie an eine große Liebe oder an Ihren Urlaub . . .

Gemeinsam auswählen

Im übrigen raten wir Ihnen, mehrere Fotos anfertigen zu lassen, diese dann (wohlmeinenden) Freunden zur Beurteilung vorzulegen und gemeinsam das beste auszuwählen.

Auf die Rückseite Ihres Fotos gehört mit Bleistift Ihr Name (falls es sich vom Papier löst). Wo Sie es plazieren, bleibt Ihnen überlassen: entweder auf dem Umschlag bzw. Deckblatt Ihrer Bewerbungsmappe, auf der ersten oder zweiten Seite, je nachdem, wie Sie Ihren beruflichen Werdegang bzw. Lebenslauf präsentieren (s. Beispiele auf S. 78 ff.).

Zeugnisse – weniger ist mehr

Zwar glauben viele Personalchefs durch den geradezu inflationären Gebrauch dieser Dokumente nicht mehr so recht an ihre Aussagekraft, doch folgt daraus nicht, daß Sie sich das Beifügen von Zeugnissen sparen können.

Nicht jeder papierene Nachweis hilft Ihnen

Bei Schulzeugnissen ist eine gewisse Zurückhaltung angebracht. Das heißt: Vorsicht bei Schulabschluß- oder Grundausbildungszeugnissen. Diese fügen Sie nur bei, wenn Sie jung sind (unter 33) oder partout keine anderen Schriftstücke vorzuweisen haben. Ein 50jähriger Bewerber, der sein Abiturzeugnis vorlegt, gibt ein merkwürdiges Bild ab.

Den gleichen Effekt erzielen Sie, wenn Sie Zeugnisse von privaten Einrichtungen erhalten haben, die Sie zwar persönlich schmücken, die aber mit Ihrer Bewerbung in keinem unmittelbaren Zusammenhang stehen. Zertifikate über Volkshochschulkurse gehören in der Regel nicht in Ihre Bewerbungsunterlagen (eine Ausnahme sind Kurse, die speziell Ihrer beruflichen Weiterbildung gedient haben). Kochkurse oder Zertifikate über Aquarellmalerei haben in Ihrer Bewerbung nichts zu suchen.

Anders sieht es mit Diplom- oder Examenszeugnissen aus. Wenn diese nicht älter als zehn Jahre sind, fügen Sie sie unbedingt bei.

Generell gilt: Immer den höchsten Ausbildungsabschluß als Zeugnis beilegen (bei Studium kein Abi-Zeugnis, bei Abitur kein Zeugnis der Mittleren Reife).

Arbeitszeugnisse – die Kunst der Verschlüsselung

Zeugnisse von ehemaligen Arbeitgebern sind immer interessant. Ganz egal, wie alt sie sind: Chefs interessieren sich für jede Art von Beurteilung und versuchen sich gerne an einer Interpretation.

Es gibt mehrere Arten von Arbeitszeugnissen: Das einfache Zeugnis beschreibt nur Art und Dauer der Beschäftigung. Es ist eine aussterbende Art und für Sie eigentlich nicht akzeptabel. Sie sollten stets auf einem qualifizierten Zeugnis bestehen, das etwas darüber aussagt, wie gut Sie die Arbeit bewältigt haben.

Das einfache Zeugnis ist noch üblich für kurzfristige Praktika, Schnupperlehrgänge oder Aushilfstätigkeiten von kurzer Dauer.

Das qualifizierte Zeugnis dagegen bescheinigt Ihnen die Befähigung zu der von Ihnen ausgeführten Arbeit.

Folgende Punkte müssen enthalten sein:
- Angaben zu Person, Dauer der Beschäftigung mit genauen Daten
- Darstellung des Arbeitsplatzes und Aufgabengebietes
- Erfahrungen, Kenntnisse und Kompetenz
- Beurteilung der Arbeitsleistung und Würdigung positiver Eigenschaften des Stelleninhabers
- Bewertung der Lern- und Fortbildungsbereitschaft
- Beurteilung des Verhaltens gegenüber Vorgesetzten, Kollegen, Mitarbeitern und Geschäftspartnern
- Angaben über Gründe des Ausscheidens
- Abschließende Dankes- und Wunschformeln für die Zukunft.

Formal muß das qualifizierte Arbeitszeugnis folgende Voraussetzungen erfüllen:
- Fehlerlos getippt auf Firmenpapier
- Datum des Zeugnisses muß nahe am Austrittsdatum liegen. Sonst vermutet man einen Abgang im Streit oder sogar juristische Auseinandersetzungen. Ein Tip: Wenn Sie lange auf Ihr Zeugnis warten müssen, bitten Sie um eine Rückdatierung.
- Mindestumfang eine Seite
- Unterschrift von einem deutlich ranghöheren Mitarbeiter bzw. einem Vertreter der Firmenleitung selbst.

Geheimsprache Sie wissen sicherlich, daß aufgrund arbeitsrechtlicher Vorschriften kein Arbeitgeber seinem Arbeitnehmer ein negativ formuliertes Zeugnis ausstellen darf. Daraus resultiert eine Art »Geheimsprache«, in der die Chefs sich untereinander mitteilen, was von dem Arbeitnehmer wirklich zu halten ist. Was positiv klingt, ist es darum noch lange nicht. Erst die kleinen Nuancen und Zwischentöne geben Aufschluß.

Ein Beispiel:

»Frau Schwarze hat sich bemüht, die ihr übertragenen Aufgaben zu unserer vollen Zufriedenheit zu erledigen.«

»Frau Schwarze hat die ihr übertragenen Aufgaben stets und ganz zu unserer vollsten Zufriedenheit erledigt.«

Zwischen diesen beiden positiven Aussagen liegen Welten. Satz eins erklärt die Kandidatin zur unfähigen Mitarbeiterin, deren Mühen umsonst waren. Satz zwei teilt höchstes Lob aus.

Die folgende Übersicht soll Ihnen helfen, die »Geheimsprache Arbeitszeugnis« zu entschlüsseln (wir bitten um Verständnis, wenn wir hier nur die männliche Formulierung anführen):

Sehr gute Leistungen verbergen sich hinter:
...hat die ihm übertragenen Arbeiten stets zu unserer vollsten Zufriedenheit erledigt.
...waren wir mit seinen Leistungen immer in jeder Hinsicht außerordentlich zufrieden.
...haben seine Leistungen stets in jeder Hinsicht unsere volle/vollste Anerkennung gefunden.
Gute Leistungen:
...hat die ihm übertragenen Arbeiten stets zu unserer vollen Zufriedenheit erledigt.
...haben seine Leistungen unsere volle Anerkennung gefunden.
...waren wir mit seinen Leistungen voll und ganz zufrieden.
Befriedigende Leistungen:
...hat die ihm übertragenen Arbeiten zu unserer vollen Zufriedenheit erledigt.
...waren wir mit seinen Leistungen voll/jederzeit zufrieden.
...hat unseren Erwartungen in jeder Hinsicht entsprochen.
Ausreichende Leistungen:
...hat die ihm übertragenen Arbeiten zu unserer Zufriedenheit erledigt.
...waren wir mit seinen Leistungen zufrieden.
Mangelhafte Leistungen:
...hat die ihm übertragenen Arbeiten im großen und ganzen zu unserer Zufriedenheit erledigt.
...haben seine Leistungen weitestgehend unseren Erwartungen entsprochen.
Unzureichende Leistungen:
...hat sich bemüht, die ihm übertragenen Aufgaben zu unserer Zufriedenheit zu erledigen.
...hat sich bemüht, unseren Erwartungen / Anforderungen zu entsprechen.

Rechtzeitig Einspruch erheben

Auf die kleinen Worte kommt es an. Deshalb lesen Sie sich aufmerksam durch, was Sie in den Händen halten – und reklamieren Sie gegebenenfalls rechtzeitig.

Wenn in einem Zeugnis von »bemüht«, »bestrebt« die Rede ist oder Formulierungen wie »im großen und ganzen« auftauchen, ist das eine ziemlich miserable Bescheinigung. Im Westen! Wir wissen, daß in Ost-Berlin und in den neuen Bundesländern die Worte so gemeint waren, wie sie dastehen.

Einer PR-Assistentin wurde beispielsweise bescheinigt: »Sie hat sich stets bemüht, die Probleme differenziert anzugehen.« Eine Nachfrage bei ihrem (Ost-)Chef ergab, daß er mit dieser Mitarbeiterin »vollst zufrieden« war (West-Jargon) und ihre differenzierte und neugierige Sicht der Dinge besonders wertschätzte. In West-Übersetzung hieße das Arbeitszeugnis jedoch: Die gute Frau hat sich zwar Mühe gegeben, aber sie war zu schlicht im Geiste, um ihre Aufgaben wirklich zu begreifen. – Nicht leicht, mit so einem Zeugnis bei einem Unternehmen in den alten Bundesländern anschließend Karriere zu machen . . .

Wir empfehlen in einem solchen Fall den freundlichen Hinweis auf die Standards in Arbeitszeugnissen. Unsere PR-Assistentin übergab der Chefsekretärin mit einem Lächeln die Kopien aus einer unserer Publikationen zum Thema »Arbeitszeugnisse«. Das überzeugte.

Wichtige Aspekte

Arbeitgeber und Auswähler analysieren Ihr Arbeitszeugnis unter folgenden Aspekten: formaler Rahmen, Angaben über Art und Inhalt Ihrer Tätigkeit, Leistung und Arbeitserfolg, Bewertung des zwischenmenschlichen Verhaltens, Grund des Ausscheidens und Gesamteindruck.

Dann liest man zwischen den Zeilen. Aussagekräftig ist auch, was weggelassen wird. Wir wollen Ihnen noch ein paar Beispiele aus der Code-Sprache der Arbeitgeber nennen. Die Wahrheit steht hinter den wohlklingenden Worten und ist für Eingeweihte gut zu entschlüsseln:

... erledigte alle Arbeiten mit großem Fleiß und Interesse
= eifrig, aber erfolglos.

... hat alle übertragenen Arbeiten ordnungsgemäß erledigt
= ein Bürokrat ohne Fantasie und ohne eigene Ideen.

... war tüchtig und wußte sich gut zu verkaufen
= ein unangenehmer Mitarbeiter und Zeitgenosse.

... war wegen seiner Pünktlichkeit stets ein gutes Vorbild
= eine totale Niete.

... lernten wir als umgänglichen Kollegen kennen
= so besonders mochte ihn niemand.

... trug durch seine Geselligkeit zur Verbesserung des Betriebsklimas bei
= Alkoholiker und Faulpelz.

... bewies stets Einfühlungsvermögen für die Belange der Belegschaft
= suchte Sexkontakte bei Mitarbeiterinnen.

... bewies ein umfassendes Einfühlungsvermögen für die Belegschaft
= ist homosexuell veranlagt.

... galt im Kollegenkreis als toleranter Mitarbeiter
= für den Betriebsrat ein echter Kumpel, für die Vorgesetzten ein harter Brocken.

Achten Sie darauf, daß nicht zufällig ein schwarzer Punkt am Rand des Zeugnisses oder ein wie ein »Ausrutscher« aussehendes Häkchen Ihr Zeugnis ziert. Ein Punkt signalisiert »Gewerkschaftsmitglied«, ein Strich »Mitglied einer linksgerichteten Organisation« usw. Solche Geheimzeichen sind per Gesetz verboten! Im übrigen bleibt Ihnen immer noch die Möglichkeit, derartiges mit Tipp-Ex wegzuzaubern.

Bieten Sie Ihre Mithilfe an

Arbeitnehmer haben in Absprache mit ihrem Chef die Möglichkeit, auf ihr Arbeitszeugnis Einfluß zu nehmen. Helfen Sie mit beim Formulieren, weisen Sie auf Passagen hin, die Sie gerne anders hätten. Manche gestreßte Sekretärin, der die Aufgabe übertragen wurde, Ihr Arbeitszeugnis zu entwerfen, ist vermutlich ganz froh über Ihre Mitarbeit.

Wenn Sie mit Ihrem Zeugnis gar nicht zufrieden sind und auf freundlichem Wege keine Korrektur erreichen, bleibt Ihnen der Weg einer Berichtigungsklage beim Arbeitsgericht. Sie können eine Umformulierung bzw. die Erteilung eines neuen Arbeitszeugnisses erzwingen. Mit einem erfahrenen Rechtsanwalt stehen Ihre Chancen sehr gut – denn Sie wissen ja, ein Zeugnis darf keine negativen Beurteilugen enthalten.

Ein Zeugnisberichtigungsverfahren ist oftmals erfolgreich, »weil der Arbeitgeber den Beweis für eine negative Beurteilung zu erbringen hat. Das ist in der Regel sehr schwierig, wenn nicht gar unmöglich. Zumindest läßt sich häufig im Wege eines gerichtlichen Vergleichs eine Verbesserung des Zeugnisinhalts erreichen« (Weyand/Behning: *Arbeitsrecht für Frauen,* Frankfurt/Main 1991, S. 130).

Zum Abschluß eine Checkliste, mit der Sie Ihre Arbeitszeugnisse überprüfen können:

1. Äußeres
   - Ist Ihr Zeugnis maschinenschriftlich auf Firmenpapier getippt, fehlerfrei und datiert, von einem Vorgesetzten unterschrieben?
   - Enthält es alle wesentlichen Tätigkeiten, denen Sie nachgegangen sind?

2. Tätigkeitsbeschreibung
   - Wird die Erfüllung besonderer Arbeitsaufgaben auch entsprechend gewürdigt? Kann sich ein Dritter davon ein Bild machen?
   - Ist Ihre Teilnahme an betrieblichen Fort- und Weiterbildungsmaßnahmen erwähnt worden?
   - Ist die Beschreibung Ihrer Tätigkeit Ihren Aufgaben angemessen, ist sie ausführlich genug?
3. Soziale Kompetenz
   - Geht aus dem Zeugnis hervor, daß Sie mit Ihren Vorgesetzten, Kollegen und Partnern gut auskamen? Werden Personengruppen ausgelassen? Kommen doppeldeutige Aussagen darin vor?
4. Die Führungsbeurteilung (für Führungskräfte):
   - Wird Ihre Leistungs- und Führungsfähigkeit im Text erwähnt und gewürdigt?
   - Wie bewertet man Ihren Arbeitsstil?
   - Wird Ihr Erfolg uneingeschränkt oder mit Einschränkungen dargestellt?
   - Was sagt Ihr Zeugnis über Ihre Fähigkeit aus, andere Menschen zu führen und zu motivieren? Zeigen Sie Delegationsbereitschaft?
5. Auflösungsgrund
   - Geht aus dem Zeugnis hervor, daß Sie auf eigenen Wunsch gekündigt haben?
   - Dankt man Ihnen abschließend für die geleistete Arbeit und wünscht Ihnen alles Gute für die Zukunft?
6. Gesamteindruck
   - In welchem Ton ist das Zeugnis verfaßt: wohlwollend oder kühl und knapp, floskelhaft oder persönlich?
   - Stimmen Rechtschreibung und Zeichensetzung (das heißt, hat man sich genügend Mühe mit dem Zeugnis gegeben)?

Bei der Gestaltung selbst mithelfen

Bitten Sie rechtzeitig vor Ihrem Weggang um ein Arbeitszeugnis, am besten vier bis acht Wochen vorher. Und nutzen Sie die Möglichkeit, selbst Vorschläge für den Inhalt zu machen.

Wir empfehlen Ihnen zur Vertiefung unser mit einem ausführlichen Textbaustein-Teil versehenes Buch *Arbeitszeugnisse.* Professionell erstellen, interpretieren, verhandeln (ebenfalls im Eichborn Verlag erschienen).

Handschriftenprobe – Eigenwerbung mit Fantasie

Sollte in der Stellenanzeige von den Bewerbern eine Handschriftenprobe verlangt werden, so können Sie davon ausgehen, daß sich ein Graphologe über Ihre Papiere beugt. Ihre Handschrift soll Rückschlüsse auf Ihre Persönlichkeitsstruktur ermöglichen.

Es ist erstaunlich, was »Schriftgelehrte« da so alles zu erkennen glauben. Aus Ihrer Handschrift wollen sie Ihre Hauptcharakterzüge herauslesen, Ihre Fantasie oder Eignung zur Routine, Ihren Optimismus oder Pessimismus, Ihre Energie oder Passivität. Nicht zu vergessen Ihr Selbstbewußtsein, Ihre Sexualität, Ihre Streßbereitschaft, Ihre Flexibilität, Ihre Zukunftsorientierung.

Möglichst keinen handschriftlichen Lebenslauf

Falls Handschriftliches von Ihnen verlangt wird, wiederholen wir unseren an anderer Stelle bereits gegebenen Rat:

Widersetzen Sie sich der Bitte um einen handgeschriebenen Lebenslauf. Sie werden in Platznöte kommen, und schön sieht eine solche Präsentation in der Regel nicht aus. Nutzen Sie vielmehr die Gelegenheit, handschriftlich auf einer Extraseite (nach dem maschinenschriftlichen Lebenslauf) mit einigen gut plazierten Sätzen auf sich aufmerksam zu machen; umreißen Sie die Motivation Ihrer Bewerbung, und weisen Sie nochmals auf Ihre Qualitäten hin. Schreiben Sie bloß nichts aus der Zeitung ab. Entwerfen Sie ein paar Sätze als Eigenwerbung.

Ob Ihre Handschrift für oder gegen Sie spricht, können wir hier nicht beantworten. Verstellen der Handschrift bringt jedenfalls nichts – ein geübtes Auge sieht das. Sie können aber einige grundlegende Fehler vermeiden, wenn Sie sich ein Ratgeber-Handbuch über Schriftdeutung kaufen. An einige Tips zur Seiteneinteilung können Sie sich leicht halten: z.B. gerade Zeilen (= ausgeglichen), Rand zu beiden Seiten (= großzügig im Geist), Unterschrift gleich groß wie der Text (= Sie sind, wie Sie sich geben . . .).

Referenzen – Profis gefragt

Bei einer Referenz geht es darum, daß Sie jemanden benennen, der als Fürsprecher für Sie auftritt und Sie für eine bestimmte Tätigkeit empfiehlt. Das darf natürlich kein naher Verwandter sein, der ganz begeistert von Ihnen ist, ansonsten aber nicht gerade kompetent. Ihr zukünftiger Chef wünscht sich – wenn überhaupt –, jemanden benannt zu bekommen, der selbst ein Profi ist und längere Zeit mit Ihnen zusammengearbeitet hat. Es kann sich deshalb nur um Chefs oder andere Vorgesetzte handeln, in Ausnahmefällen um Personen mit öffentlicher Autorität (vom Bürgermeister bis zum Pfarrer).

Die erste Frage: Kennen Sie solche von Personalfachleuten akzeptierte Personen? Sind Sie sich deren Loyalität Ihnen gegenüber sicher, werden sie positive Auskünfte über Sie erteilen?

Inhalte vorab klären

Haben Sie Zweifel, ob Sie jemanden um diesen Gefallen bitten können? Es gibt nur ein Mittel, das herauszufinden: Sprechen Sie potentielle Referenzgeber an, klären Sie ab, was Sie über sich berichtet haben wollen (egal, ob mündlich oder schriftlich). Falls Sie niemanden finden, ist das überhaupt nicht schlimm, denn die Bewertung von Referenzen ist keineswegs eindeutig. Referenzen werden zum Teil als »Imponiergehabe« interpretiert und darum sowieso nicht als bedeutsame Beurteilungsquelle herangezogen.

Personalchefs, die über einen Bewerber etwas herausfinden möchten, bevorzugen oft ihre eigenen Informationswege. Sie verdächtigen den Bewerber und seine Referenzpersonen der Subjektivität.

Einschätzung einholen

Wenn Sie wissen wollen, was Ihr ehemaliger Arbeitgeber von Ihnen hält, gibt es einen Trick. Lassen Sie eine Person Ihres Vertrauens bei Ihrem letzten Chef anrufen und lassen Sie diese – getarnt als potentieller neuer Arbeitgeber – eine Einschätzung Ihrer Person einholen.

Ein ehemaliger Arbeitgeber darf (laut Gesetz) nichts Nachteiliges über ausgeschiedene Mitarbeiter aussagen. Er muß sogar, falls er durch seine negativen Auskünfte eine Beschäftigung des Bewerbers bei einer anderen Firma verhindert, für den Schaden (Verdienstausfall etc.) aufkommen. So ist es zumindest in der Theorie. In der Praxis wird das allerdings nur sehr schwer nachzuweisen sein.

Arbeitsproben – Achtung!

Alles kann als Arbeitsprobe verstanden werden

In diesem Stadium der Bewerbung sind Arbeitsproben eigentlich noch kein Thema. Aber denken Sie daran: Ihre kompletten Bewerbungsunterlagen sind bereits eine erste Arbeitsprobe! Wie Sie sich präsentieren und wie sorgfältig Sie mit sich umgehen, sagt dem Arbeitgeber eine ganze Menge. Wenn Sie sich mit Ihrer Bewerbung Mühe geben, werden Sie sich auch bei der Arbeit engagieren, ist die Folgerung. Reagieren Sie schnell auf eine Stellenanzeige, heißt das, daß Sie wichtige Dinge nicht auf die lange Bank schieben, ggf. aber auch, daß Sie es nötig haben (also besser nicht gleich am nächsten Tag schreiben, man kann durchaus vier/fünf Tage warten). Gut formulierte und strukturierte Bewerbungsunterlagen sprechen für die Klarheit Ihres Denkens etc.

Das Wichtigste zusammengefaßt

Die wichtigste Beigabe ist das Foto. Wer hier geizt und ein Fahndungsfoto à la »Gesucht wird . . .« mitschickt, bringt sich um alle Sympathiechancen.

Zeugnisse zu lesen ist eine Kunst. Es ist lohnenswert, sich darin ein bißchen auszukennen. Nicht alles, was so zu Papier gebracht wird, ist auch so gemeint. Es bedarf einer kompetenten Übersetzung. Für Handschriften- und Arbeitsproben wie für Referenzen gilt: Zurückhaltung, Bescheidenheit – weniger ist mehr.

Die Anlagen erscheinen vielen Bewerbern als relativ unwichtiges Beiwerk, zu dem man sich keine großen Gedanken mehr machen muß. Daß dem nicht so ist, haben wir mit unseren ausführlichen Hinweisen zum Foto und der Zeugnisinterpretation hoffentlich hinlänglich betont.

Kommentierte Beispiele

Reflektieren Sie kritisch eigene Gestaltungsversuche

Die auf den nächsten 27 Seiten folgenden Beispiele für Bewerbungsunterlagen sollen praktisch verdeutlichen, was wir Ihnen in diesem Buch bisher theoretisch an neuen Trends für die optimale Gestaltung Ihrer Bewerbungsunterlagen präsentiert haben.

Der Gesamteindruck einer Bewerbungsmappe kann hier auf den schlichten Buchseiten natürlich nur andeutungsweise wiedergegeben werden. Bindesystem, Deckel, Rücken, Papiersorte und -farbe sowie die Zeugnisunterlagen fehlen. Vorder- und Rückseite sind im Buch lediglich aus Platzgründen belegt, in der Realität wird die Rückseite immer freibleiben (Ausnahmen bestätigen die Regel).

Nicht alle Beispiele sind komplett (d.h. mit Anlagen-Übersicht; generell fehlen die typischen Beilagen wie Arbeits-, Fortbildungs- und Ausbildungszeugnisse etc.).

Die Tatsache, daß Sie die Anzeigen nicht kennen, auf die diese Bewerbungen erfolgten, ist für unsere didaktischen Zwecke nicht relevant.

In der Realität sind die hellgrau unterlegten Textsteiten selbstverständlich im DIN-A4-Format. Für das Buch haben wir sie in proportionalem Maßstab verkleinert. Die durch das kleinere Format etwas erschwerte Lesbarkeit wird durch den Vorteil des maßstabgerechten Eindrucks der Gesamtgestaltung ausgeglichen.

Auch wenn die Beispiele weitgehend für sich sprechen, fügen wir am Ende einen Kommentar für jede Bewerbungsmappe an, um besonders gelungene Passagen zu würdigen und auf Fehler bzw. Verbesserungsmöglichkeiten hinzuweisen.

Selbstverständlich sind die gezeigten Beispiele in ganz ähnlicher Form erfolgreich von Angestellten in der realen Bewerbungspraxis eingesetzt worden. Gleichwohl mußten wir natürlich Personen, Daten, Orte, Arbeitgeber, Ausbildungsgänge, Berufstätigkeiten, Zeiten etc. chiffrieren. Entstehende Ähnlichkeiten mit realen Personen wären also rein zufällig. Sollten Sie detektivisch auf gewisse »Ungereimtheiten« stoßen, bitten wir um Verständnis. Diese erklären sich aus den eben aufgeführten Verschlüsselungsgründen.

Bei den Unterlagen finden Sie Hinweise, an welcher Stelle man ein Foto gut und wirkungsvoll plazieren kann. Selbstverständlich sind auch andere Plazierungsmöglichkeiten vorstellbar.

Bei den Foto-Formatvorschlägen weichen wir bewußt von den üblichen 08/15-Paßfotomaßen ab. Daß hier keine realen Fotos wiedergegeben sind, hilft Ihnen, sich voll und ganz auf Inhalt und Layout zu konzentrieren. Mit gelungenen Bewerbungsfotos (wir favorisieren schwarzweiß) wird der postive Eindruck noch einmal ganz besonders unterstrichen.

Im wesentlichen geht es uns bei den folgenden Beispielen darum, Ihnen zu zeigen, welche breite Palette an Darstellungsmöglichkeiten Sie bei der Gestaltung Ihrer Bewerbungsmappe haben.

Warnen möchten wir Sie allerdings eindringlich davor, der Versuchung anheimzufallen, einfach nur die verwendeten Formulierungen abzuschreiben und das vorgeschlagene Layout exakt so zu übernehmen. Sie sollten sich in jedem Fall der sicherlich zeitaufwendigeren Aufgabe stellen, eine eigene (Werbe-)Botschaft zu formulieren und dabei Ihren eigenen, ganz persönlichen Stil zu entwickeln.

Die für die Entwicklung einer solchen Bewerbungsmappe durchschnittlich benötigte Zeit liegt bei etwa 15 bis 30 Stunden. In unserem Büro für Berufsstrategie in Berlin haben wir die Bewerber in der Entwicklung und Realisation von kompletten Bewerbungsunterlagen etwa drei bis vier Stunden beraten. Meistens waren drei größere Korrekturgänge notwendig.

Jetzt zu den Beispielen:

Andrea Adler, Diplom-Außenhandelskauffrau

Mustermann & Partner GmbH
Personalressort
z. Hd. Frau Maier
Müllerstr. 777

80088 München

Berlin, 10. Januar 1995

Assistenz der Verkaufsleitung Export

Sehr geehrte Frau Maier,

mit Ihrer Mitarbeiterin Frau Moog habe ich heute telefonisch besprochen, Ihnen meine kompletten Bewerbungsunterlagen für die Position der Assistentin in der Export-Verkaufsleitung zuzusenden.

Seit Ende 94 bin ich diplomierte Betriebswirtin für Außenhandel. Mein Studium absolvierte ich innerhalb kürzester Zeit an der Hamburger Außenhandelsakademie mit einem "sehr gut" als Abschlußnote.

Ich verfüge über eine langjährige praktische Erfahrung im Bereich Verkaufssachbearbeitung und habe kontinuierlich meine Fremdsprachenkenntnisse (Englisch und Spanisch) durch längere Auslandsaufenthalte ausgebaut. Zu meinen persönlichen Stärken zähle ich ein hohes Maß an Belastbarkeit und Zielstrebigkeit, zwei Eigenschaften, die ich durch mein Studium erneut unter Beweis stellen konnte.

Meine Gehaltsvorstellungen liegen zwischen 60.000 und 70.000 DM p.a.
Als Eintrittstermin kann ich mir bereits den 1. Februar gut vorstellen.
Ich freue mich, von Ihnen zu hören.

Mit freundlichen Grüßen aus Berlin

Andrea Adler

Anlagen

Marschweg 18 • 12345 Berlin • 030 / 88 22 11

Foto

Andrea Adler
Diplom - Kauffrau
geb. 15. März 1962
in Berlin
ledig, keine Kinder,
ortsungebunden

Bewerbungsunterlagen für Firma Mustermann & Partner GmbH

Andrea Adler • Marschweg 18 • 12345 Berlin • 030 / 88 22 11

Lebenslauf

Schulausbildung

1969 - 1976	Grundschule und Gymnasium in Wolfsdorf
1976 - 1982	Aufbaurealschule und Höhere Handelsschule

Berufsausbildung / Berufspraxis

Sep. 82 - Jan. 85	Ausbildung zur Bürokauffrau bei den Tiptop Farbenfabriken, Wolfsdorf
Feb. 85 - Dez. 90	Verkaufssachbearbeiterin bei ABC Weiß GmbH
Jan. 91 - Sep. 91	Exportsachbearbeiterin bei Außenhandels GmbH, Berlin

Außerberufliche Weiterbildung

Apr. 87 - Aug. 87	Porthsmith International School, England Abschluß: First Certificate in Englisch
Aug. 89 - Jun. 90	VHS Berlin, Abendschule zur Erlangung der Fachhochschulreife im Bereich Wirtschaft
Sep. 92 - Okt. 92	Academia Atlantico, Spanien Abschluß: Presente Certificado, Nivel Medio

Studium

Nov. 92 - Okt. 94	Deutsche Außenhandels- und Verkehrs- Akademie in Hamburg, Betriebswirtschaftslehre mit der Fachrichtung Außenhandel Abschlußnote: sehr gut

Sprachkenntnisse

Englisch fließend in Wort und Schrift
gute Spanischkenntnisse

Sonstiges

fundierte EDV-Kenntnisse
insbesondere MS-Dos, Windows 3.1 und Excel 4.0

Hobbys

Bergwandern und Kanutrekking

Berlin, 10. Januar 1995

Andrea Adler

Andrea Adler, Diplom-Außenhandelskauffrau

Was Sie noch über mich wissen sollten ...

Nach mehrjähriger praktischer Erfahrung als Exportkauffrau habe ich ein von mir selbstfinanziertes Betriebswirtschafts-Studium an der Deutschen Außenhandels- und Verkehrs-Akademie in Hamburg (Schwerpunkt Außenhandel) aufgenommen. Durch diese Ausbildung eignete ich mir zusätzlich ein fundiertes, theoretisches Wissen an. Praxis und Studium qualifizieren mich besonders für die Im- und Exportwirtschaft.

Die in Großbritannien und Spanien erworbenen Sprachkenntnisse (Intensivkurse) bilden das Fundament, um mich in anderen Kulturen angemessen und sensibel bewegen zu können, eine wichtige Grundlage auch für kaufmännischen Erfolg.

Ebenfalls im Freizeitbereich suche ich Herausforderungen, die mir in besonderem Maße Belastbarkeit und Zielstrebigkeit abverlangen.

Andrea Adler, Diplom-Außenhandelskauffrau

Der erste Satz an Beispiel-Bewerbungsunterlagen besteht aus Anschreiben und einer hier auf drei Seiten auszugsweise wiedergegebenen Mappe. Das im Original selbstverständlich vorhandene Anlagenverzeichnis fehlt hier ebenso wie die notwendigen üblichen Anlagen.

Der Anschreibentext bezieht sich auf ein geführtes Telefonat mit einer namentlich genannten Mitarbeiterin, wendet sich aber direkt an die verantwortliche Personalreferentin/Leiterin.

Ob die Bezeichnung »Personalressort« glücklich gewählt ist, mag dahingestellt sein. Schade, daß die Anzeige in der Betreff-Zeile nicht näher benannt wird. Die Textlänge ist angemessen und informativ. Hier werden sogar Gehaltsvorstellung und Eintrittstermin mutig benannt – wir wissen nicht, ob freiwillig oder gezwungenermaßen (Anzeigentext!), in der Form aber in jedem Fall geschickt, weil doch recht offen (Nennen einer Spanne).

Der Abschlußsatz und die verwendete Grußformel (... aus Berlin) sind angenehm außergewöhnlich, bleiben aber auch Geschmacksache, ebenso wie die Briefkopf- und Fußzeile.

Die zentrale Botschaft – wiederzufinden auch auf der dritten Seite – wird im Anschreiben gut zusammengefaßt und präsentiert. Ob Block- oder Flattersatz in Briefen verwendet werden sollte, ist sicherlich ebenfalls persönliche Geschmackssache.

Das Deckblatt ist ansprechend gestaltet und enthält bereits die wichtigen personenbezogenen Daten. Dadurch benötigen die sog. Lebenslauf-/beruflicher Werdegang-Daten nur noch eine Seite Platz.

Die Abfolge Schule, Berufsausbildung, Beruf und erst dann das Studium und weitere Informationen ist zwar akzeptabel, aber auch ein Hinweis darauf, daß eine Umstellung Studium – Beruf – Berufsausbildung – Schule – Sonstiges vielleicht sogar noch besser wäre.

Die interessanten Hobbys werden im Vorstellungsgespräch sicher thematisiert.

Die dritte Seite ist angenehm kurz, wie die Seiten davor, trägt aber eine angemessene, interessant-ansprechende Botschaft. Die

Bezugnahme auf die Hobbys unter dem Stichwort »Herausforderung« wird garantiert Thema, wenn es zu einem persönlichen Gespräch kommt.

Wenn jetzt noch eine Anlagenübersicht, gute Arbeits- und Ausbildungszeugnisse folgen würden, dann ...

Gesamturteil: eine relativ kurze, sehr interessante und ansprechende Kandidatur.

Brunhild Musterfrau
Hasensprung 1a
14194 Berlin (Wilmersdorf)
Telefon: 030 / 81 282 70

ABC Maschinen GmbH
Personalabteilung
Herrn Kaiser
Wrangelstr. 28

10997 Berlin

02.05.98

Ihre Anzeige in der Berliner Morgenpost vom 30.04.98
Sachbearbeiterin

Sehr geehrter Herr Kaiser,

in der o.a. Anzeige beschreiben Sie einen Arbeitsbereich, der mich in höchstem Maße interessiert und auch meinen Fähigkeiten und Neigungen voll entspricht.

Kurz zu meiner Person:
Ich bin ausgebildete Industriekauffrau und habe mich im Bereich Informationsmanagement erfolgreich weitergebildet. Langjährige umfassende Erfahrungen in Büro-Administration und anspruchsvoller, selbständiger Sachbearbeitung in der Chemiebranche ergänzen mein Tätigkeitsprofil.

Aktuell befinde ich mich in einer vom Arbeitsamt geförderten EDV-Fortbildungsmaßnahme und könnte Ihnen deshalb auch sehr kurzfristig zur Verfügung stehen.

Über eine Einladung zum Vorstellungsgespräch freue ich mich
und verbleibe

mit freundlichem Gruß

Brunhild Musterfrau

Anlagen

BEWERBUNGSUNTERLAGEN

Foto

BRUNHILD MUSTERFRAU

HASENSPRUNG 1A

14194 BERLIN (WILMERSDORF)

TELEFON: 030 / 81 282 70

Brunhild Musterfrau
* 27.09. 1950 in Hamburg
ledig, keine Kinder

angestrebte Tätigkeit: Sachbearbeiterin

Berufserfahrung

04/1992 - 12/1997	**Altvater Chemie-Werke AG** **Berlin** Position: Informationsmanagement Literaturrecherchen, Datenbankarbeit, Öffentlichkeitsarbeit
04/1988 - 03/1992	**Institut für Dokumentation** **München** Ausbildung u. Anerkennungsjahr als staatl. geprüfte Dokumentarin Schulung in Informationsmanagement, EDV u. Wirtschaftsenglisch
07/1979 - 03/1988	**Pharma Grün** **München** Position: Informationsmanagement Informationsplanung, Organisation, Fachkorrespondenz Erstellung von Werbemitteln
10/1974 - 06/1979	**Chemie AG** **München** Position: Chefsekretärin
1970 - 1974	**Industriekauffrau** **Hamburg**

Schul- und Berufsausbildung

1971 - 1974	**Staatliches Abendgymnasium** **Hamburg** Abschluß: Abitur
1967 - 1970	**Ausbildung zur Industriekauffrau** **Hamburg**
1965 - 1967	**Haupt- und Handelsschule** **Hamburg**

Sprachkenntnisse

sehr gute Englischkenntnisse in Wort und Schrift
gute Orthographie-, Interpunktions- und Grammatikkenntnisse der deutschen Sprache
Korrespondenzerfahrung

EDV-Erfahrung

Textverarbeitung mit Word, Winword
Tabellenkalkulation mit Excel

Kurzschrift

gute Stenographiekenntnisse und schreibtechnische Fähigkeiten

Führerschein

Klasse 3

Engagement

Mitglied im Naturwissenschaftlichen Verein Berlin

Interessen

Wandern, Literatur des Bethel Kreises

Zu meiner Person

Mein Lebenslauf steht für kontinuierliche Weiterbildung, Leistungsbereitschaft und Lernfähigkeit. Das Abitur am Abendgymnasium und die Qualifizierung zur Dokumentarin belegen dies.

Ich verfüge über fundierte Erfahrungen in den Bereichen Organisation und Administration. Zu betonen sind meine guten Sprachkenntnisse und deren Anwendungssicherheit.

Die Arbeit hat in meinem Leben, da ich Single bin, einen besonderen Stellenwert, so daß Arbeitsaufgaben für mich eine wichtige Rolle spielen. Ich würde mich sehr gern mit vollem Engagement der von Ihnen beschriebenen Aufgabe widmen.

Berlin, 1. Mai 1998

Brunhild Kusterfrau

Ein angenehm kurzes Anschreiben läßt wissen, daß vorab nicht telefoniert wurde (leider! immerhin aber eine namentliche Ansprache), stellt die Bewerberin kurz vor und endet selbstbewußt (ohne Konjunktiv) »... auf eine Einladung freue ich mich«. Einschätzung: Gut und ansprechend gestaltet – mit bestimmt positivem Aufmerksamkeitswert.

Ob die Bewerberin bereits hier ihr Alter hätte mitteilen sollen, kann kontrovers diskutiert werden. Die präsentierte Form löst bestimmt mehr Interesse aus. Die Kandidatin, die sich offensichtlich aus der Arbeitslosigkeit (bzw. Fortbildung) heraus bewirbt, hat eine interessante Vortragsform gefunden und umgeht auf den nachfolgenden Seiten dieses problematische Thema recht elegant.

Die grafische Gestaltung (Deckblatt – konsequente Fortsetzung des Briefkopfes) ist auf den folgenden Seiten sehr ansprechend, weil einfallsreich gewählt, bei gleichzeitiger guter Übersichtlichkeit.

Die knappe Präsentationsform beinhaltet ein erstaunlich umfassendes Maß an Information. Die Themenabfolge Beruf (inklusive Weiterbildung) – Schule und Berufsausbildung ist sofort überzeugend. Die besonderen Kenntnisse und Fähigkeiten werden vielleicht sogar »einen Tic« zu massiv dargestellt bzw. wiederholt. Die Ersparnis einer dritten Seite als Extra-Information hat den Nachteil, daß der Abschlußtextblock zu nahe bei den aufgeführten Sprachkenntnissen steht (Wiederholungsgefahr!). Die Abschnitte Engagement und Interessen werden sicherlich zu Nachfragen führen.

Natürlich fehlen auch hier nur aus Platzgründen das Anlagenverzeichnis sowie alle weiteren Beilagen.

Frank E. Monster
Staatl. geprüfter Hotelbetriebswirt
Kurfürstenstr. 6
54295 Trier
Tel. (0782) 692 28 92

Herrn
Direktor Schmidt
Hotel Schweizerhof
Hardenbergplatz 1

10623 Berlin

Trier, 13.10.1996

Bewerbung für die Position des Verkaufs- und Marketingleiters
im Hotel Schweizerhof in Berlin

Sehr geehrter Herr Schmidt,

vielen Dank für das informative Telefonat am heutigen Nachmittag.
Wie besprochen hier meine vollständigen Bewerbungsunterlagen.

Ich bin Betriebswirt für das Hotel- und Gaststättenwesen (Studium in Dortmund an der Wirtschaftsfachschule), 36 Jahre alt, ursprünglich gelernter Koch und zur Zeit in einem Hotel mit 200 Betten in Trier als Verkaufsleiter in ungekündigter Stellung tätig.

Aus persönlichen Gründen möchte ich mein Wirkungsfeld nach Berlin verlagern und bin sehr interessiert, Ihr Haus und das für mich sehr reizvolle Aufgabengebiet Verkauf und Marketing kennenzulernen.

Ich freue mich auf eine persönliche Begegnung mit Ihnen
und grüße Sie herzlich aus Trier

Frank E. Monster

Anlage: Bewerbungsmappe

Bewerbungsunterlagen

als Verkaufs- und Marketingleiter

Hotel Schweizerhof, Berlin

Foto

Frank E. Monster
Staatl. geprüfter Hotelbetriebswirt
Kurfürstenstr. 6
54295 Trier

Tel. (0651) 692 28 92

Lebenslauf

Zur Person:	Frank E. Monster staatlich geprüfter Betriebswirt für das Hotel- und Gaststättenwesen geboren am 11.09.1961 in Stuttgart unverheiratet, keine Kinder, ortsunabhängig

---

Schulische und berufliche Ausbildung

08/68 - 06/77	Grund- und Hauptschule in Reuthingen
07/77 - 07/80	Ausbildung zum Koch im Höhenhotel "Berghaus", Esslingen/Neckar
09/86 - 06/87	Weiterbildung: Berufsoberschule Münster (Fachschulreife)
Fachschulstudium	
09/89 - 06/91	Wirtschaftsfachschule für Hotellerie und Gastronomie, Dortmund
25.06.1991	Abschlußprüfung zum staatlich geprüften Betriebswirt für das Hotel- und Gaststättenwesen

Studienfächer:
- Betriebswirtschaftslehre
- Betriebliches Rechnungswesen
- Touristik- und Hotel-Marketing
- Angewandte Datenverarbeitung (EDV)
- Technologie des Hotel- und Gaststättengewerbes
- Praxisorientierte Fallstudien
- Rechts- und Steuerlehre
- Englisch / Französisch
- Berufs- und Arbeitspädagogik (AEVO) mit bestandener Ausbildereignungsprüfung

---

Sprachkenntnisse	Englisch in Wort und Schrift (fließend) Französisch (gute Kenntnisse)
EDV-Kenntnisse	Reservierungssystem "Fidelio-Micro", "HORES", "RIO 80862" Windows 3.1, Word 6.0, Excel 5.0, Works 3.0
Engagement	Voll-Mitglied in der Hotel Sales and Marketing Association (HSMA), German-Chapter, Region 1
Sonstiges	Führerschein Kl.3
Hobbys	Mein Beruf, hier insbesondere Marketing und Werbung / Blues und Jazzmusik (spiele Schlagzeug) / Reisen / Fotografieren / mit Holz arbeiten

2

Beruflicher Werdegang

seit 01/96	Verkaufsleiter Hotel Weingut König, Trier-Olbe
07/92 - 12/95	Verkaufsleiter / stellv. Geschäftsführer ABC-Hotel GmbH, Berlin Tiergarten
07/91 - 06/92	Direktionsassistent Astro Hotel, Wiesbaden
04/88 - 08/89	Stellvertretender Küchenchef (Sous-Chef) Hotel-Restaurant Poch, Bellingen
07/87 - 03/88	Chef-Entremetier / Chef de Rotisseur Hotel-Restaurant Poch, Bellingen
01/85 - 08/86	Kfm. Angestellter Verkauf (Gastronomie) Abteilung Food REWE-Süd-Großhandel, Spellbach
04/83 - 12/84	Chef-Entremetier Hotel-Restaurant "Rössle", Waldenburg bei Stuttgart
04/82 - 03/83	Demi-Chef Entremetier Hotel "Hirsch", Fellbach/Schwarzwald
01/81 - 03/82	Grundwehrdienst als Feldkoch / Sanitätssoldat 1. Sanitätsbatallion 10, Wesslingen/Neckar
07/77 - 07/80	Ausbildung zum Koch Höhenhotel "Berghaus", Wesslingen/Neckar

Seminare und Praktika

07 - 10/90	Reservierungs- und Empfangsabteilung Praktikum im Hotel Astro, Wiesbaden
01 - 06/91	Reservierungs- und Verkaufsabteilung Praktikum Hotel v. Korff, Berlin Charlottenburg
01/91	Prüfung zum "Anerkannten Fachberater für deutschen Wein" Deutsches Weinbauinstitut, Mainz
03/92	Public Relations im Hotel- und Gaststättengewerbe Karla Dicks, Chefredakteurin NGZ service manager
09/92	- Controlling - Produkt-Marketing und -Werbung - strategische Unternehmensführung - Seminare bei Unternehmensberatung Bednarz-Hell, Berlin

3

Was Sie sonst noch über mich wissen sollten:

Meine Handlungsweise ist geprägt vom Umgang mit Menschen, sowie dem Streben nach optimaler Dienstleistung und größtmöglicher Zufriedenheit des mir anvertrauten Gastes.
Mein Denken wird dabei durchaus von betriebswirtschaftlichen Zahlen bestimmt. Ökonomische Zusammenhänge schnell zu erfassen, analytisch auszuwerten, um auf dieser Basis nach neuen, effektiveren Lösungen zu suchen, ist dabei Grundlage meiner unternehmerischen Aktivitäten.

Schon als Mitglied der Studenten-Mitverwaltung war ich verantwortlich für die Organisation von Fachprojekten und Studienreisen. Häufig engagierte ich mich dabei auch in der Öffentlichkeitsarbeit.

Im Rahmen einer praxisorientierten ERFA-Gruppe erstellte ich verschiedene Marketingstudien und Betriebskonzepte.
Bereits hier habe ich das unternehmerische Denken und verantwortungsbewußte Handeln zeigen können, das in meinen Tätigkeiten nach dem Studium als unabdingbare Arbeitsbasis benötigt wird. Ausdauer, Konsequenz und Pflichtbewußtsein werden mir dabei von Freunden und Kollegen ebenso zugeschrieben, wie eine als bisweilen als (zu) ehrgeizig erscheinende Hartnäckigkeit.

Für mich ist jedoch die Orientierung an den bestmöglichen Leistungen eine Frage der Verantwortung mir selbst und den von mir und meiner Arbeit abhängigen Dritten gegenüber.

Berlin, 13.10.1997

Frank E. Monster

Inhaltliche Gliederung:

Arbeitszeugnisse / Referenzen:

- Hotel Weingut König, Trier
- ABC-Hotel GmbH, Berlin
- Astro Hotel, Wiesbaden
- Hotel-Restaurant Poch, Bellingen
- REWE-Süd-Großhandel, Spellbach
- Hotel-Restaurant "Rössle", Waldenburg
- Hotel Hirsch, Fellbach
- Dienstzeugnis Bundeswehr
- Höhenhotel Berghaus, Wesslingen/Neckar

Seminare / Praktika:

- Grundkurs Excel 5.0
- Grundkurs MS-Windows 3.1
- Produkt-Marketing & Werbung
- Controlling
- strategische Unternehmensführung
- anerkannter Berater für deutschen Wein
- Praktikazeugnis Astro Hotel
- Praktikazeugnis Hotel v. Korff

Schulzeugnisse:

- Hotelwirtschaftsschule, Berlin
- Ausbildereignungsprüfung, IHK Berlin
- Berufsoberschule, Bellingen
- Fachgehilfenbrief zum Koch

Ein sehr angenehm kurzes Anschreiben (vorher wurde telefoniert!) bringt die Botschaft schnell und souverän auf den Punkt.

Die gewählte Form für das Deckblatt ist Ihnen bereits nicht mehr so fremd.

Die mit der Überschrift »Lebenslauf« versehene nächste Seite hat zunächst einen klassischen Aufbau (zur Person, schulische und berufliche Ausbildung), der geschickt ausgestaltet wurde und sich gut liest. Dann folgen andere Informationen, und erst auf der nächsten Seite (2) lernen wir den beruflichen Werdegang in gebotener Ausführlichkeit kennen, ergänzt durch Seminare und Praktika.

Bravo, sehr schön, gut gemacht! Einziger Kritikpunkt: vielleicht etwas weniger Hobbys aufzählen!

Die dritte Seite ist wirklich ausdrucksstark, ebenfalls grafisch ansprechend gestaltet und vermittelt einen positven Anreiz, den sich hier bewerbenden Kandidaten möglichst schnell auch persönlich kennenlernen zu wollen. Die Unterschrift an dieser Stelle wirkt verstärkend.

Die hier nun einmal vorgeführte Inhaltsübersicht der weiteren Anlagen macht einen überzeugenden Eindruck.

Die gesamte Bewerbungsmappe verdient sicherlich die Note »Zwei«.

Alfred Muster • Musterstraße 94 • 31200 Oberwesel • Tel. 0 201 - 12 34 56

Kino-Center Hamburg GmbH
Herrn Mertens
Neue Straße 176

20148 Hamburg

Oberwesel, 11. März 1997

Betriebsleiter Kino-Center Hamburg
Ihre Anzeige im Hamburger Abendblatt vom 2./3. März 1997

Sehr geehrter Herr Mertens,

in einem Telefonat mit Ihrem Büro erfuhr ich heute, daß das Auswahlverfahren für die zu besetzende Position noch nicht abgeschlossen ist. Sie beschreiben in Ihrer Anzeige eine Herausforderung, die mich sehr interessiert.

Seit Jahren bin ich als Führungskraft mit Personal- und Budgetverantwortung in Unternehmen der Hotellerie und Touristik tätig. Dabei konnte ich Kommunikationsstärke, Teamfähigkeit und Organisationsgeschick beweisen. Überdurchschnittliche Flexibilität und Einsatzbereitschaft runden mein Profil ab.

Ich strebe eine Führungsposition mit einem zu mir passenden Anforderungsprofil an.
Als meine besonderen persönlichen und beruflichen Stärken empfinde ich:

- Erfahrung in der Führung und Motivation von Mitarbeitern
- gutes Organisations- und Verhandlungsgeschick
- Leistungsbereitschaft, Erfolgswille und Durchsetzungsfähigkeit

Es würde mich freuen, wenn Sie mich nach Prüfung meiner Bewerbungsunterlagen zu einem Vorstellungsgespräch einladen. Hier könnten wir weitere Details wie Eintrittstermin und Gehaltsfragen besprechen.

Mit freundlichen Grüßen

Anlagen

Alfred Muster • Musterstraße 94 • 31200 Oberwesel • Tel. 0 201 - 12 34 56

Foto

Bewerbung

als Betriebsleiter

für Kino-Center Hamburg GmbH
Herrn Mertens
Neue Straße 176

20148 Hamburg

es folgen Überblick
Resümee
Werdegang
Anlagen

↳ Überblick

Alfred Muster • Musterstraße 94 • 31200 Oberwesel • Tel. 0 201 - 12 34 56

Überblick

Personendaten	Alter geboren am Familienstand	34 Jahre 11. Juli 1962 in Marburg verheiratet, zwei Kinder
Werdegang	letzte Tätigkeit Berufsausbildung Schulabschluß	Kurdirektor Bad Wesel Betriebsassistent Hotellerie Abitur/US-High-School-Diplom
aktuelle Situation	freier Projektleiter	Veranstaltungsmanagement
Kenntnisse	Fremdsprachen	Englisch fließend Französisch gut
	Ausbilderprüfung PC mit gängiger Software Führerschein Klasse 3	
Interessen	Sport: Reiten, Jogging Werbung und Gestaltung Psychologie	
Gehaltswunsch	um 80.000 DM p.a.	

↳ Resümee

Alfred Muster • Musterstraße 94 • 31200 Oberwesel • Tel. 0 201 - 12 34 56

Resümee

Ich bin	ein optimistischer Mensch mit ausgeprägtem Selbstvertrauen und einem hohen Maß an Eigeninitiative. Es ist meine Überzeugung, daß alles wirklich Gewollte im Leben machbar ist. Entscheidungen und Risiken gehe ich nicht aus dem Weg. Auf Ehrlichkeit und Echtheit in Ausdruck und Verhalten lege ich großen Wert. Und noch etwas: Ich habe Humor.
Ich kann	mir Ziele selbst definieren und diese erreichen, viel leisten, Streß positiv erleben, gut planen und organisieren und mich voll und ganz engagieren.
Ich habe	Berufs- und Lebenserfahrung, ein gut entwickeltes Talent für Kommunikation und den Umgang mit Menschen. Dies hat mich erfolgreich werden lassen. Dabei habe ich mir die Fähigkeit zu Teamarbeit bewahrt. Neben fachlicher Kompetenz waren für meinen beruflichen Aufstieg vor allem Begeisterungsfähigkeit, Lernbereitschaft und Flexibilität entscheidend.
Ich will	eine Leitungsaufgabe, die meine Kenntnisse fordert, die Handlungsspielraum und Entwicklungschancen bietet, eine Position, in der ich meine Führungsqualitäten einsetzen und weiter ausbauen kann; ein Unternehmen, mit dem ich mich identifiziere.

↳Werdegang

Alfred Muster • Musterstraße 94 • 31200 Oberwesel • Tel. 0 201 - 12 34 56

Werdegang

Tourismus und Hotellerie

seit 07.93	Bad Wesel Kurzentrum ♦ *Kurdirektor* (Leiter des Kurbetriebes)
04.90 - 06.91	Weiter-Reisen GmbH, Hamburg ♦ *Verkaufsleiter* (ein Jahr im Ausland)
10.82 - 03.90	Meyer Hotelkonzern: Meyer Hotel, Augsburg ♦ *Verwaltungsleiter*
	Meyer Hotels GmbH, Frankfurt Hauptabteilung Rechnungswesen ♦ *Trainee zum Verwaltungsleiter*
	Meyer Hotel, Davos/Schweiz ♦ *stv. Verwaltungsleiter und Finanzbuchhalter*
	Meyer Hotel, Berlin ♦ *Trainee* zum Betriebsassistenten ♦ Parallel: Fernstudium beim "Educational Institute ♦ of the American Hotel Association"

neue Horizonte

07.91 - 06.93	Veranstaltungen GmbH, Berlin ♦ Projektmanagement
	Pear Werbeagentur GmbH, Berlin ♦ Office Management, Werbung

Alfred Muster • Musterstraße 94 • 31200 Oberwesel • Tel. 0 201 - 12 34 56

	Qualifizierung
04.94	Ausbilderprüfung vor der IHK zu Bremen
	andere Länder
10.95 - 12.95	Richmond, Virginia/USA ♦ Erweiterung der Sprachkenntnisse
10.88 - 12.88	Meyer Hotel Saanen-Gstaad, Schweiz ♦ Unterstützung der Verwaltungsleitung
12.84 - 02.85	Hotel Lancaster, Paris/Frankreich ♦ Praktikum in Housekeeping
08.79 - 06.80	Ein Schuljahr im Ausland, Winter Haven, Florida/USA ♦ Abschluß der US-High-School mit Diplom
	Engagement
11.91 - 02.96	Management-Vereinigung e.V. Niedersachsen ♦ Kassenführer im Bundesvorstand
	Schulbildung
09.72 - 05.82	Goethe Gymnasium, Hamburg ♦ Abitur

11. März 1997 Alfred Muster

↪Anlagen

Alfred Muster • Musterstraße 94 • 31200 Oberwesel • Tel. 0 201 - 12 34 56

Anlagen

zum Werdegang

Arbeitszwischenzeugnis Kurdirektor Bad Wesel

Weiter-Reisen GmbH, Hamburg

Meyer Hotel, Augsburg

Meyer Hotel, Frankfurt

Meyer Hotel, Davos/Schweiz

Meyer Hotel, Berlin

zu Auslandsaufenthalten

Hotel Lancaster, Paris/Frankreich

Diplom High School, USA

zur Qualifizierung

IHK Bremen, Ausbilderprüfung

zur Schulbildung

Zeugnis Allgemeine Hochschulreife

↬Zeugniskopien

Alfred Muster • Musterstraße 94 • 31200 Oberwesel • Tel. 0 201 - 12 34 56

Kino-Center Hamburg GmbH
Herrn Mertens
Neue Straße 176

20148 Hamburg

23. März 1997

Vorstellungsgespräch am Freitag, den 22. März 1997
Meine Bewerbung als Leiter des Kino-Centers Hamburg

Sehr geehrter Herr Mertens,

vielen Dank für das ausführliche und informative Gespräch. Besonders die offene, gute Gesprächsatmosphäre sowie Ihre Ausführungen über Unternehmensaktivitäten und Ziele wußte ich zu schätzen.

Sehr gerne möchte ich als hauptverantwortlicher Leiter Ihres Hauses tätig werden und mein ganzes Wissen und Engagement für die Optimierung Ihrer Organisation einbringen.

Aus meiner Sicht spricht für mich
- mein breites Spektrum an Organisationserfahrung
- meine Mitarbeiter-Führungskompetenz
- meine besondere Streßresistenz.

Zum 1. Juli 1997 könnte ich Ihrem Unternehmen zur Verfügung stehen. Wenn Sie mir - wie in Aussicht gestellt - bei der Wohnungsbeschaffung behilflich sind, sehe ich einem erfolgsversprechenden Start in der zweiten Jahreshälfte mit Freude entgegen.

Auf die Fortsetzung unseres Gespräches gespannt
grüße ich Sie herzlichst

Alfred Muster

Ein gut gegliedertes Anschreiben argumentiert überzeugend, warum der Bewerber einzuladen ist. Der Abschlußabsatz hätte vielleicht etwas souveräner ausfallen können. Beispiele dafür geben die drei vorherigen Briefe.

Die Deckblattseite ist überraschend anders, recht kreativ und dabei spannend (es folgen ...) gestaltet. Interessant auch das hier angedeutete Foto(-format!). Auf der nächsten Seite wieder eine gelungene, sinnvolle Überraschung. Mit Spannung blättert der Leser weiter, sich schon jetzt fragend, was ihn wohl auf der nächsten Seite erwartet (der Hinweis unten »Resümee« kündet von Neuem ...) und ist bestimmt nicht schlecht bedient mit dem hier präsentierten Resümee-Text.

Sicher alles eine Frage des persönlichen Geschmacks, aber man kann nicht allen gefallen wollen, und diese hier vorgestellte Form findet unter Garantie ihre Wertschätzer. Damit erfüllt sie voll und ganz ihr Ziel und führt zu der angestrebten Einladung zum wechselseitigen Kennenlerngespräch.

Aber es geht sogar noch weiter, und sowohl die beiden folgenden Seiten zum Werdegang als auch das übersichtliche Anlagenverzeichnis verstärken den bis dato gewonnenen positiven Gesamteindruck.

Eine wirklich angenehm beeindruckende Be-Werbungsmappe, die kaum noch Wünsche offen läßt.

Krönender Beispielabschluß ist hier der »Nachfaßbrief«, eine große Chance, noch nach dem absolvierten Vorstellungsgespräch einen ungemein positiven Eindrucksverstärker zu inszenieren.

Die Präsentation

So gestalten Sie eine runde Sache

Die gewissenhafte Vorbereitung hat zu gelungenen schriftlichen Bewerbungsunterlagen geführt. Jetzt bloß schnell weg mit dem Zeug –, denkt sich der strapazierte Arbeitsplatzsucher. Alles in die Tüte, und ab geht die Post. Weit gefehlt. Nach einer sorgfältigen Durchsicht, ob auch alles beieinander, in der richtigen Reihenfolge und unterschrieben ist, müssen mit der gleichen Sorgfalt auch Verpackung und Versand organisiert werden.

Verpackung – von Stoffen und Farben

Sie haben jetzt alle Unterlagen für Ihre Bewerbung zusammengetragen. Der Stapel liegt vor Ihnen: hoffentlich blütenweiß (oder in dezentem Farbton) ohne Eselsohren und Flecken.

Neugierig machen

Es geht nun darum, den kostbaren Stapel möglichst ästhetisch zu verpacken und damit auf den Inhalt neugierig zu machen. Vielleicht wählen Sie eine etwas anspruchsvollere Präsentation. Sehen Sie sich mal in Ihrem Schreibwarengeschäft bzw. Kopierladen um, was da alles zur Auswahl steht: Edle Mappen, Klemmmappen und Einlegesysteme (z. B. Thermo-Bindesysteme, Vollmappen, Spiralbindesysteme usw.) bieten sich je nach Bewerbungsvorhaben gut an.

Wir möchten Sie aber auch vor zuviel Perfektionismus warnen: Eine Einlegemappe, in der jedes Dokument einzeln in Klarsichthüllen präsentiert wird, könnte Ihnen leicht als Zwanghaftigkeit ausgelegt werden. Achten Sie auch auf die Farbauswahl: Rosa z.B. kommt nicht so gut an, Weiß ist neutral, dazwischen gibt es eine große dezent-bunte Farbpalette. Verzichten Sie auf Muster und alle Arten von Gags.

Öko-Trend beachten

Profis bzw. Bewerber für hoch angesiedelte Posten achten sogar auf das Material ihrer Präsentationsmappen. Glattes Plastik ist verpönt, natürliche Materialien dagegen sind in. Z.B. gibt es inzwischen dank des Öko-Trends eine große Auswahl an farbigen und stabilen Pappen.

Versand – auch äußerliche Sorgfalt zählt

Überprüfen Sie nochmals, ob Ihre Unterlagen auch vollständig sind. Dann stecken Sie alles in einen ausreichend großen Umschlag mit verstärktem Papprücken. Eventuell können Sie auch einen wattierten Umschlag wählen; er sollte aber nicht zu groß sein, das wirkt wichtigtuerisch.

Sorgfalt bis ins letzte Detail

Das Anschriftenfeld und Ihr Absender müssen mit der gleichen Sorgfalt behandelt werden wie Ihre Unterlagen. Achten Sie auf Ihre Handschrift. Einer Bewerberin, die ihre Bewerbungsunterlagen bei einer großen Firma an der Pforte abgab, sagte der Pförtner: »Die Handschrift ist schon mal gut.« Man beachte: Die Aufmerksamkeit des Unternehmens bezüglich der Form hatte sich herumgesprochen. Sogar der Pförtner wußte: Was vielversprechend aussieht, hat vermutlich auch ein vielversprechendes Innenleben.

Wer sich und seiner Handschrift einen derartigen Effekt nicht zutraut, beschriftet Ettiketten (Aufkleber für Adresse und Absender) mit der Schreibmaschine.

Auch die Briefmarken sind sorgfältig zu kleben. Überlassen Sie das besser nicht einem gestreßten Schalterbeamten, der die Dinger kreuz und quer auf den Umschlag knallt. Bitten Sie wenn möglich um Sonderbriefmarken, frankieren Sie richtig! Nichts ist ärgerlicher, als wenn Ihr Adressat erst mal (Straf-)Porto nachzahlen muß. Das fällt dort jedem auf, da die Post Nachzahlungen mit überdimensionalen Kreidezahlen auf dem Umschlag zu markieren pflegt.

Es versteht sich eigentlich von selbst: Auf den Umschlag gehören keine witzigen Bemerkungen, keine Abziehbildchen und keine Politik-Aufkleber.

Zurückhaltung

Wählen Sie keine Post-Sonderzustellung, wie z.B. Einschreiben oder Eilzustellung. Das wirkt zwanghaft, aufdringlich und drängelnd.

Übergabe – der persönliche Eindruck

Persönliche Übergabe

Wenn Sie am Ort Ihrer Bewerbung bzw. in der Nähe wohnen, haben Sie eine weitere Möglichkeit, Ihre Unterlagen an den Mann oder die Frau zu bringen: Geben Sie die Bewerbungsunterlagen persönlich ab! Fragen Sie sich im Unternehmen bis zur richtigen Stelle durch. Nutzen Sie die Gelegenheit für ein Schwätzchen mit der Sekretärin. Das hinterläßt bleibenden Eindruck. Man wird Sie mit Sicherheit nicht so einfach stehenlassen, sondern ein paar freundliche Worte mit Ihnen wechseln. Wenn Sie Glück haben, macht die Sekretärin dem Chef gegenüber eine nette Bemerkung über Ihre Person.

Das Wichtigste zusammengefaßt

Auch in der letzten Phase der schriftlichen Bewerbung ist man vor Nachlässigkeitsfehlern nicht sicher. Nochmals alle Konzentration zusammennehmen und wenn möglich mit ein bißchen Glück und Ihrem Charme das wichtige Päckchen persönlich dem oder der Richtigen überreichen.

Eine Absage kommt

Reagieren Sie kreativ: der Antwortbrief

Es ist ratsam, sich bei einer Absage nicht schmollend in einen Winkel zurückzuziehen und ob der Kränkung (die allemal da ist) in Selbstmitleid zu verfallen, sondern weiter selbstbewußt und aktiv vorzugehen.

Überlegen Sie, ob sich nicht ein freundlicher Antwortbrief auf ein Absageschreiben lohnt. Das hängt natürlich davon ab, wie wichtig, wie interessant Ihnen die angebotene Position war bzw. ist, und ob Sie glauben, wirklich geeignet für diesen Aufgabenbereich zu sein.

Nochmalige Zusammenfassung Ihrer Vorzüge

Geben Sie in diesem Antwortbrief Ihrem Bedauern Ausdruck, und deuten Sie an, daß das Unternehmen sicher im besten Interesse entschieden hat. Fassen Sie noch einmal kurz zusammen, warum Sie gerade an dieser Arbeitsstelle besonders interessiert sind und was Sie Ihrer Meinung nach zum Erfolg der Firma/der Institution hätten beitragen können.

So ein Absage-Antwortbrief – der übrigens auch nach einem von einer Absage gefolgten Vorstellungsgespräch geschrieben werden kann – ist unter mehreren Aspekten sinnvoll:

- Sie waren vielleicht ein Grenzfall bezüglich einer Einladung zum Vorstellungsgespräch und geben jetzt durch Ihren Nachfaß-Brief den positiven Ausschlag für eine Kontaktaufnahme.
- Von den eigentlichen Wunschkandidaten ziehen einige kurzfristig ihre Bewerbung zurück, erscheinen nicht zum Vorstellungsgespräch etc., man möchte aber mehr Bewerber sehen und vergleichen. Sie bieten sich durch Ihren Brief erneut an.
- Später: während der Probezeit erweist sich die Einstellung Ihres Mitbewerbers als Fehlentscheidung, Sie sind aber durch Ihr Engagement in positiver Erinnerung ...
- der Personalchef empfiehlt Sie weiter, es gibt (evtl. im Haus) noch andere Positionen, die zu besetzen sind.

Das Antworttelefonat

Auch der Griff zum Telefonhörer kann nach einer Absage einen Versuch wert sein. Über dieses Medium bekommen Sie relativ leicht heraus, wie sich die Bewerberlage beim Arbeitsplatzanbieter darstellt. Sind wirklich 500 und mehr schriftliche Bewerbungsunterlagen eingegangen, relativiert sich unter bestimmten Aspekten Ihr Unglück, nicht unter den ausgewählten Kandidaten zu sein.

Neue Informationen

Zusätzlich bekommen Sie vielleicht Informationen über die Auswahlkriterien und können diese für spätere Bewerbungsaktivitäten nutzen. Ein gut verlaufendes Telefonat kann auch andere Türen öffnen und plötzlich Interesse an Ihrer Person wecken.

Ihre Vorstellung

Die nächste Runde beginnt

Sie haben eine Einladung zu einem Vorstellungsgespräch erhalten. Herzlichen Glückwunsch. Ein wichtiger Teil Ihres Bewerbungsvorhabens ist dem vorangegangen. Erfolgreich - denn sonst hätte man Sie nicht eingeladen, um Sie näher kennenzulernen.

Worauf geachtet wird

Worum geht es jetzt, und worauf kommt es an? Arbeitsplatzvergeber wie Personal- und Firmenchefs wollen im Vorstellungsgespräch wissen, ob Sie als Bewerberin bzw. Bewerber zum Unternehmen und in das vorhandene Team passen. Dabei geht es um persönliche und anforderungsbezogene Eignungsmerkmale, die am Bewerber, also an Ihnen, im Vorstellungsgespräch überprüft werden sollen.

Aus diesem Grund hat man aus den vorliegenden schriftlichen Bewerbungsunterlagen, die z. B. nach einer Stellenanzeige eingegangen sind, die interessantesten und vielversprechendsten Bewerber herausgesucht.

In der Regel haben an diesem ersten Auswahlvorgang mehrere Personen mitgewirkt, z. B. der Chef, der Personalchef, der Abteilungsleiter, möglicherweise auch die Sekretärin. Vielleicht sind 250 Bewerbungen eingegangen, und nun muß man sich auf Arbeitgeberseite darauf verständigen, wie viele Kandidaten geeignet erscheinen und wie viele man näher kennenlernen will und kann (Zeitökonomie!).

Möglich, daß unter den vielen Bewerbern nur eine oder einer als kompetent erscheint. Wahrscheinlich favorisiert man aber doch drei bis zehn Bewerber. Leider ist es oft so, daß man aus Zeitgründen nur einen kleinen Teil der Kandidaten einlädt, die für die Aufgabe, den Arbeitsplatz in Frage kommen.

Persönlicher Eindruck

Das Auswahlgremium möchte nun seine bisherigen Informationen aus den vorliegenden Bewerbungsunterlagen ergänzen und einen ganz persönlichen Eindruck von Ihnen als Bewerber bekommen. Dabei wird die Ausprägung von Persönlichkeitszügen und Eigenschaften wie Leistungsbereitschaft, Motivation, Anpassungsfähigkeit, Einordnungsbereitschaft und Kompetenz unter die Lupe genommen. Ebenso konzentriert man sich auf äußere Merkmale wie Aussehen, Auftreten, Manieren sowie auf das sprachliche Ausdrucksvermögen.

80% Persönlichkeit

Grundlage für diese wichtige Entscheidung sind in der Regel etwa – Sie werden es kaum glauben – zu 80 % Ihre Persönlichkeit und nur zu 20 % Ihre fachliche Kompetenz.

Wichtig für Sie als Bewerber zu wissen: Es gibt Einzel- und Gruppenvorstellungsgespräche. Ihre Dauer ist unterschiedlich, je nach Arbeitsplatz und zu bewältigender Bewerberzahl bzw. Gesprächsteilnehmern auf Arbeitgeberseite. Klar ist, daß z. B. ein Theaterintendant-Bewerber nicht nur ein längeres Vorstellungsgespräch hat, sondern mehrere, und daß eine Bäckereiverkäuferin mit allerhöchstens zwei Gesprächen rechnen muß, die eigentlich nicht länger dauern sollten als jeweils maximal eine halbe Stunde. Das erste Gespräch könnte dem Kennenlernen dienen, der Vorauswahl, das zweite, um zu einer konkreten Arbeitsvereinbarung (über Zeit und Bezahlung) zu kommen.

Die Vorbereitung macht's

Das Vorstellungsgespräch ist eine mündliche Test- und Prüfungssituation, auf die man sich gut vorbereiten kann. Diese Vorbereitung benötigt mindestens die gleiche, wenn nicht sogar doppelt soviel Zeit wie die schriftliche Bewerbung. Sich dafür ein, zwei Tage oder mehr Zeit zu nehmen ist nichts Außergewöhnliches. Natürlich bedarf es mehr Zeit, wenn es um das erste Vorstellungsgespräch geht, als wenn Sie hier (leider) schon eine gewisse Routine haben.

In der Regel läuft ein Vorstellungsgespräch nach einem bestimmten Schema ab, das von der Ausbildung und Erfahrung des Interviewers, also des Gesprächspartners von der Arbeitgeberseite, bestimmt wird. Es erfordert deshalb, wenn man als Bewerber etwas entgegensetzen will, ebenfalls eine gute Vorbereitung. Hier drängt sich unweigerlich der Vergleich mit einem Schauspieler auf, der sich um ein Engagement bewirbt und eine Rolle vorsprechen bzw. vorspielen muß. Auch er hätte ohne Vorbereitung, Übung und präzises Rollenstudium keine Chance. Schon der Begriff »Vorstellung« deutet auf die Parallele zum Theater hin.

Auf die Vorbereitung kommt es an

Der gelernte Schauspieler und Expräsident Ronald Reagan ließ sich vor jeder Pressekonferenz von seinem Beraterteam zu einem bestimmten Thema alle möglichen Journalistenfragen (insbesondere die unangenehmen) und natürlich die passenden Antworten zusammenstellen. Diesen Frage-Antwort-Katalog lernte Mr. President auswendig. Und was lernen Sie daraus? Auf die gute Vorbereitung kommt es an!

Vier Hauptaspekte gilt es dabei zu berücksichtigen:

- die eigene Ausgangsposition wie die des Gegenübers
- Details über die Firma bzw. Institution
- den Gesprächsablauf und die zu erwartenden Fragen
- den organisatorischen Teil (Anreise, Kleidung usw.)

Wissen hilft

Für alle vier Aspekte gilt: Wissen ist Macht, und Übung macht den Meister. Je besser Sie sich auf die Prüfungssituation Vorstellungsgespräch vorbereiten, um so gelassener können Sie auf heikle und schwierige Fragen reagieren. Halten Sie sich den Tag, an dem das Gespräch stattfinden wird, frei von anderen Verpflichtungen.

Ihr Kapital: Persönlichkeit, Motivation und Kompetenz

Die drei Essentials

Der Arbeitgeber oder Personalchef – kurz: Ihr Interviewer – will im Vorstellungsgespräch vor allem drei Aspekte überprüfen: Ihre Persönlichkeit, Ihre Leistungsmotivation und Ihre Kompetenz.

Beim Kennenlernen Ihrer *Persönlichkeit* geht es vor allem um folgende Aspekte:

- Wirken Sie sympathisch und vertrauenswürdig?

- Sind Sie anpassungs- und teamfähig?
- Passen Sie zur Institution, zum Unternehmen?

Ihre *Leistungsmotivation* soll durch folgende Fragestellungen erhellt werden:

- Bringen Sie Engagement und Enthusiasmus für die angestrebte Position mit?
- Sind Sie lernfähig und arbeitswillig?
- Werden Sie sich mit der Firma bzw. Institution und Ihrer Aufgabe in hohem Maße identifizieren?

An dritter Stelle

Kompetenz meint fachliche Qualifikation und das Vorhandensein berufsrelevanter Eigenschaften. Hier geht es vor allem um die Frage: Kann der Arbeitgeber Ihnen die Bewältigung des Jobs/der Aufgaben zutrauen (im Sinne von: Sie werden es schon schaffen, weil Sie so und so sind bzw. das und das können . . .)?

Im folgenden möchten wir Ihnen die einzelnen Gesprächsphasen ausführlich erläutern. Zunächst aber ein kleiner Exkurs zum zentralen Aspekt im Vorstellungsgespräch: Persönlichkeit und Sympathie.

So machen Sie Punkte

Zauberwort Sympathie

Gelingen oder Mißlingen eines Vorstellungsgesprächs hängt entscheidend mit davon ab, wie sympathisch Sie auf den Auswähler (Arbeitgeber, Interviewer) wirken. Es geht um den berühmt-berüchtigten ersten Eindruck, in dem bei zwei Gesprächspartnern, die sich bisher unbekannt waren, die Weichen in Richtung einer positiven (Sympathie) oder negativen Gefühlsreaktion (Antipathie) gestellt werden.

So gesehen sind die ersten Minuten eines Vorstellungsgesprächs von entscheidender Bedeutung.

Sympathie heißt Gefühl von	**Antipathie** heißt Gefühl von
Interesse an Ihrer Person	Desinteresse
Vertrauen	Mißtrauen
positive Gefühle	negative Gefühle
Zuneigung	Abneigung
Wärme	Kälte
Gemeinsamkeiten	fehlende Gemeinsamkeiten
Attraktivität	Abstoßung
Schönheit	Häßlichsein
»gleiche Wellenlänge«	»andere Wellenlänge«
Zugewandtheit	Abgewandtheit

Sympathie wird eher mobilisiert durch...	**Antipathie** wird eher mobilisiert durch...
Anpassung	mangelnde Anpassung
Charisma	fehlendes Charisma
Freundlichkeit	Unfreundlichkeit
Höflichkeit	Unhöflichkeit
Gelassenheit	Nervosität
Ruhe	Unruhe
Selbstsicherheit	Selbst-Unsicherheit
Geduld	Ungeduld
Toleranz	Intoleranz
Gleichberechtigung	Dominanz-/Machtstreben
Gewährenlassen (Freiheit)	Beherrschung (Unfreiheit)
Attraktivität	Abstoßendes Äußeres
Schönheit	Häßlichsein
Gewandtheit	Unsicherheit
Entspanntheit	Gespanntheit
gleiche/ähnliche Interessen/Hobbys	stark unterschiedliche Interessen/Hobbys

Zur Mobilisierung von Sympathiegefühlen kommt es immer dann, wenn Ihr Gegenüber den (ersten) Eindruck und die Hoffnung gewinnt, daß Sie einen Beitrag zu seiner Bedürfnisbefriedigung (Erfolg, Macht etc.) leisten können.

Vice versa: Das Gefühl der Antipathie basiert auf dem Eindruck, daß der/die andere zur eigenen Bedürfnisbefriedigung keinen oder einen zu geringen Beitrag leisten kann.

Schlüsselbegriff Identifikation

Sympathiefördernd sind vor allem Identifizierungsprozesse (»Mein Gegenüber ist ja genauso/ähnlich wie ich«) und biographische Gemeinsamkeiten (z. B. bezüglich früherer Wohnorte, Ausbildungsinstitutionen und Arbeitgeber).

Sympathie entsteht – auf beiden Seiten – aufgrund verbaler und averbaler Kommunikation:

A. Verbale Kommunikation
Sprache
(formal/inhaltlich)
Sprech-/Redeweise (averbale Anteile der verbalen Kommunikation) laut, leise, Dialekt, Klang (der Ton macht die Musik)

B. Averbale Kommunikation
Aussehen, Äußeres, Auftreten
Erscheinung, Körpersprache, Kleidung
Größe, Mimik, Brille, Accessoires
Figur, Gestik
Gewicht
Haare
Haut

Wer leistungsmotiviert und kompetent wirkt, macht sich zusätzlich zu seinen sonstigen Persönlichkeitsmerkmalen sympathisch. Damit sind auch diese weiteren zentralen Faktoren im Vorstellungsgespräch – Leistungsmotivation und Kompetenz als »flankierende Aspekte« – mit angesprochen und einbezogen. Sie sind quasi die »Geschwister« der Sympathie.

Bedürfnisbefriedigung

Dem Bewerber zugeschriebene Leistungsmotivation und Kompetenz tragen zur Realisierung des Interviewer-Bedürfnisses nach Erfolg bei. Für den Interviewer besteht Erfolg bereits darin, einen Kandidaten empfohlen zu haben, der den Posten bekommt und sich später bewährt.

Das Wichtigste zusammengefaßt

Es kommt auf Ihre Einstellung an - im doppelten Wortsinn. Vorstellungsgesprächssituationen begleiten uns lebenslang. Greifen Sie zurück auf Ihre Erfahrung, denn angesichts der zahlreichen durchaus vergleichbaren »Prüfungen«, die Sie bereits erfolgreich bestanden haben, sind Sie eigentlich Experte für Situationen, in denen es darauf ankommt, mit seinen Wünschen und Interessen anzukommen.

Die fundierte Vorbereitung auf ein erfolgreiches Vorstellungsgespräch umfaßt vier Aspekte: Ausgangspositionen, Arbeitsplatzanbieter, Gesprächsablauf und Organisation. Entscheidend sind die Erfolgsfaktoren Persönlichkeit, Leistungsmotivation und Kompetenz. Wenn man Sie einlädt, ist man von Ihrer Kompetenz aufgrund Ihrer schriftlichen Bewerbungsunterlagen nahezu überzeugt. Zeigen Sie nun in der Begegnung mit Ihrem potentiellen neuen Arbeitgeber, daß Sie die richtige Motivation mitbringen und ein Sympathieträger sind. Darauf kommt es besonders an: Sie müssen Sympathien für sich mobilisieren.

Spiel mit verschiedenen Ausgangspositionen

Zwischen Angebot und Nachfrage: *Sie*

Die beiden Ausgangspositionen – verkürzt: Ihre und die Ihres Gegenübers – bestimmen wesentlich den Verlauf des Vorstellungsgesprächs. Welche Determinanten bestimmen Ihre Situation?

- Ihr Arbeitsplatzwunsch und die aktuelle Arbeitsmarktsituation (z. B. Mangelberuf oder Überangebot?)
- Berufsaus- und Weiterbildung
  (Wenn Ihre Ausbildung 20 Jahre zurückliegt und die letzte Fortbildungsmaßnahme vor 10 Jahren stattgefunden hat, fehlen Ihnen im Vorstellungsgespräch nicht nur gute Argumente.)
- Tätigkeit / Erfahrung
  (Wer als Außendienstmitarbeiter in den gehobenen Innendienst aufsteigen möchte, muß wissen, wieviel Stufen er sich auf einmal zu nehmen zutraut.)
- Ihre aktuelle Arbeitsplatzsituation
  (Steht schon alles »in Flammen«, ist das Schiff am Untergehen, oder können Sie sich in Gelassenheit nach neuen Ufern umsehen?)
- Bisherige Arbeitsplatzwechsel-Häufigkeit
  (Soll das jetzt der dritte Wechsel innerhalb von zwei Jahren werden, oder können Sie auf fünf Jahre Kontinuität an einem Arbeitsplatz zurückblicken?)
- Bisherige Bewerbungserfahrung
  (Wer nach 22 Absagen die 23. Bewerbung abschickt, braucht ein besonderes Reservoir an Optimismus und Energie, um weiterhin mit der notwendigen Selbstsicherheit und Überzeugungskraft auftreten zu können.)
- Kontakte und »Vitamin B«
  (Spielen auch gerade bei einer Bewerbung eine Rolle – haben Sie Beziehungen und können Sie diese nutzen?)

- Persönlichkeits- und Leistungsmerkmale
  (Als stark introvertierter, gehemmt wirkender Außendienstmitarbeiter ist es nicht leicht, in eine Gruppenleiterposition zu kommen.)
- Äußeres Erscheinungsbild
  (Mit einem Karl-Marx-Vollbart z. B. stößt man heute nicht nur in Bankkreisen auf Schwierigkeiten.)
- Alter
  (Mit 57 liegt z. B. bei der Bewerbung um eine leitende Position in der Aus- und Fortbildungsabteilung eines Großkonzerns die Zukunft vielleicht eher hinter einem, während in einem kleineren Unternehmen – gerade auch in den neuen Bundesländern – gute Chancen für erfahrene Praktiker bestehen.)

Marktchancen

Dies sind zugegebenermaßen zum Teil recht drastische Beispiele, um zu verdeutlichen, worum es geht. Sie sollen als Anregung dienen, darüber nachzudenken, welches die eigenen Plus- und Minuspunkte, die Marktchancen der von Ihnen angebotenen »Ware« Arbeitskraft sind. Denken Sie stets daran, daß Sie diese in das Vorstellungsgespräch als Präsentations- und »Verkaufsargument« mit einbringen.

Zum Überdenken Ihrer Ausgangsposition gehört auch eine kritische Reflexion über die eigene Person und typische Charaktereigenschaften, die ihnen bisher vielleicht schon mehrfach in Ihrem Leben Schwierigkeiten gemacht haben.

Wenn Sie z. B. dazu neigen, in einer Art unbewußtem Wiederholungszwang immer mit einem bestimmten Typ Vorgesetzten bereits nach wenigen Minuten in Streit zu geraten, weil Sie (unbewußt) an Ihren furchtbar cholerischen Vater oder einen autoritären älteren Bruder erinnert werden, darf Ihnen dies im Vorstellungsgespräch nicht passieren.

Aber auch die Gegenseite hat ihre Ausgangsposition. Da ist die Arbeitsmarktsituation, die einen maßgeblichen Einfluß hat. Werden Spezialisten wie Sie gesucht – vergleichbar der berühmten Stecknadel im Heuhaufen –, oder gibt es Bewerber mit Ihrer Qualifikation wie Sand am Meer?

Hat der Personalchef viele oder wenige Bewerbungen auf das Arbeitsplatzangebot erhalten? Handelt es sich um ein großes oder kleines Unternehmen? Stimmt das Timing der Personalplanung, oder leidet das Unternehmen unter Personalnot und Zeitdruck? Hat man es mit einem wirklichen Personalauslese-Profi oder eher mit einem Autodidakten auf diesem Gebiet zu tun? Dies alles hat seine spezifischen Auswirkungen.

Unternehmenssituation

Natürlich: Auch Ihr Interviewer ist nur ein Mensch mit unterschiedlicher Tagesform und all seinen Fehlern und Schwächen. Wenn er gerade stark mit eigenen Problemen und Streß konfrontiert ist, könnte sich das bei Ihrem Vorstellungsgespräch (unbewußt) fortsetzen, ohne daß Sie von diesem Hintergrund etwas ahnen bzw. etwas dazu beigetragen haben.

Interviewersituation

Ihre Ausgangsposition wird gestärkt, wenn Sie wissen, worauf es im Vorstellungsgespräch ankommt. Dazu gehört, die Hintergründe und Intentionen dieses Ausleseverfahrens genauestens zu kennen. Diese haben wir Ihnen global bereits im vorigen Abschnitt erläutert.

Im folgenden beschäftigen wir uns mit der arbeitsplatzbezogenen Analyse und Informationsgewinnung für die Bewerbungsvorbereitung – immer mit dem Ziel, Ihre persönliche Ausgangsposition zu stärken.

Informationsrecherche zu Aufgabe – Position – Anbieter

Wer zu seinem neuen potentiellen Arbeitgeber nur mit der Adresse im Kopf hingeht, handelt wirklich »kopflos«.

Eine gründliche Vorbereitung auf den möglichen Arbeitgeber und sein Umfeld ist absolut notwendig. Diese Empfehlung gilt ebenso für die Bewerbung bei einer kleineren Firma wie Meyer-Müller-Schulze, wie bei einem multinationalen Konzern, z. B. *Siemens*.

Gezielte Vorbereitung

Erste Informationen über das Unternehmen können Sie bereits der Anzeige entnehmen, der Art und Weise, wie der Kontakt mit Ihnen als Bewerber angebahnt wird, sowie auch dem

Einladungsschreiben und den eventuell beigefügten Informationspapieren.

Angenommen, Sie bewerben sich bei der Firma *Siemens*, sollten die folgenden Unternehmensdaten unbedingt zu Ihrem Basiswissen gehören:

- Hauptsitz
- Branchen
- wichtige Tochterunternehmen/Beteiligungen
- Niederlassungen im In- und Ausland
- Produktpalette
- Zahl der Mitarbeiter im In- und Ausland
- Umsatz/Gewinn
- Geschäftsleitung
- Position auf dem nationalen und internationalen Markt (Marktanteile)
- Mitbewerber auf dem in- und ausländischen Markt
- wirtschaftliche Entwicklung der letzten fünf Jahre
- aktueller Aktienstand
- zukünftige Entwicklungschancen
- Firmengeschichte

Spezialwissen

Neben diesen allgemeineren Informationen benötigen Sie Spezialwissen über die Abteilung bzw. den Unternehmenszweig, für den Sie sich beworben haben. Eine Bewerbung als Ingenieur um eine Position im Bereich *Siemens*-Dentaltechnik, Datenverarbeitung *Siemens-Nixdorf* oder Energieerzeugung *KWU* erfordert natürlich eine unterschiedlich gezielte Einarbeitung in die jeweiligen speziellen Aspekte und Aufgabenstellungen des angestrebten Arbeitsplatzes.

Generell geht es immer um
- Aufgabengebiet und Umfeld des angestrebten Arbeitsplatzes
- Arbeitsmarktsituation (Stimmung, Gewinner, Verlierer, Zusammenhänge), neuere Entwicklungen
- wichtige Eckdaten zur Position des Unternehmens (der Institution), also: Wer tut was wie lange und mit welchem Erfolg?

Hintergrund-infos recherchieren

Hintergrundinformationen zu Ihrem neuen potentiellen Arbeitgeber erhalten Sie z. B. direkt beim Unternehmen selbst (eventuell: Pressestelle), darüber hinaus sind Industrie- und Handelskammer, Fachzeitschriften (Bibliotheken) und Nachschlagewerke hilfreich. Aber auch Personen, die bereits in dem Beruf, in der Branche, Firma/Institution arbeiten, können Ihnen wichtige Insiderinformationen geben.

Zunächst einmal aber noch ein paar grundsätzliche Dinge, die Sie als Vorbereitung auf das Frage- und Antwort-»Spiel« unbedingt berücksichtigen sollten:

Beachtenswerte Besonderheiten

Die folgenden Besonderheiten sind bei der Analyse der Ausgangspositionen von Bedeutung:

Bewerben Sie sich
- bei Groß-, mittleren oder kleineren Unternehmen
- in der Privatwirtschaft oder im öffentlichen Dienst?

als Bewerber
- aus Ost- nach Westdeutschland und umgekehrt

oder als Bewerber
- aus (vermeintlich) gesicherter Position heraus (quasi idealtypisch)
- aus erkennbar unsicherer Position, z. B. unter Druck, weil bereits gekündigt?

Parallelen überwiegen

Es liegt auf der Hand: Die Bewerbungs- und Ausleseverfahren differieren je nach Branche und Ihrer Ausgangsposition in Nuancen, die Gemeinsamkeiten aber überwiegen.

Ein wichtiges Kriterium, das diese Unterschiede wesentlich beeinflußt, ist die Unternehmensgröße Ihres potentiellen Arbeitgebers. Der mittelständische Betrieb z. B. mit 100 Mitarbeitern, der einen berufserfahrenen leitenden Ingenieur für das Spezialgebiet der Belüftungstechnik sucht, geht in der Regel anders mit seinen Bewerbern um als der Lebensmittel-Großkonzern, der im mittleren Management (unterste Stufe) einen jüngeren Food-Produktmanager mit einer Reihe von Berufsjahren sucht.

Während Sie bei einem mittelständischen Betrieb davon ausgehen können, ein bis zwei Gespräche mit dem Firmeninhaber oder Geschäftsführer sowie mit einem für Sie direkt verantwortlichen Vorgesetzten (z. B. Hauptabteilungsleiter) und einem oder mehreren zukünftigen Kollegen zu führen, sieht dies bei einem Multi doch ganz anders aus.

Einstellungstests

Da gibt es u. U. sogar noch Gruppenauswahlgespräche. Recht wahrscheinlich sind vorgeschaltete Assessment-Center-Testveranstaltungen. Letztlich sehen Sie sich, nachdem Sie bereits von einigen Personalreferenten »verhört« und »vorsortiert« wurden, dem Personalchef und Ihrem potentiellen direkten Vorgesetzten gegenüber.

Wie das Bewerbungsverfahren im einzelnen abläuft, ist dem Einladungsschreiben nicht immer zu entnehmen. Sollte Ihnen zu Ohren gekommen sein, daß sogenannte Psycho-Tests veranstaltet werden, ist es höchste Zeit, sich entsprechend vorzubereiten (vgl. S. 224).

Vielleicht gelingt es Ihnen ja, vorab telefonisch in Erfahrung zu bringen, was Sie erwartet. Je größer die Firma, desto wahrscheinlicher ist es, daß Tests zum Zuge kommen.

Telefonische Anfrage

Ihre telefonische Anfrage muß natürlich in angemessener Art und Weise erfolgen, die Sie nicht gleich stigmatisiert (keinesfalls etwa so: »Was, Sie veranstalten ein Gruppenvorstellungsgespräch, o Gott, nein, wie furchtbar . . . « oder »Verraten Sie mir doch bitte, welche Testverfahren im einzelnen zum Einsatz kommen, ich garantiere Ihnen . . .«). Auffällig ist es schon: Geht es in Ihrer Bewerbung mehr um einen technischen Arbeitsbereich (klassisches Beispiel Ingenieur), herrscht dort meist ein anderes Auswahlklima als z. B. in der wirtschaftlich administrativen bzw. in der medizinischen oder psychosozialen »Branche«. In letzteren wird deutlich häufiger zu Tests und Tricks gegriffen. Hier scheinen auch die Gruppenbewerbungsgesprächsrunden erfunden worden zu sein.

Da will natürlich der öffentliche Dienst und sein Beamtenapparat nicht zurückstehen und testet mit bzw. läßt testen, wenn auch hier der Ausfrageton oftmals nicht die Schärfe annimmt, wie in der Privatwirtschaft durchaus üblich. Es scheint, als ob Bewerberauswahlverfahren eine willkommene Ablenkung im sonst recht grauen Arbeitsalltag sind (sehr böse formuliert, und Verallgemeinerungen sind sicherlich gefährlich, aber . . .).

Ost-West-Wechsel

Sollten Sie z.B. aus Frankfurt an der Oder kommen und sich in Frankfurt am Main bewerben, müssen Sie bestimmte Vor-Urteile und Klischees einkalkulieren, d.h. entsprechend vorbereitet sein und gewisse Standpunkte offensiv angehen. Diese Probleme leugnen zu wollen oder andere Verdrängungsmechanismen einzusetzen ist über kurz oder lang sehr schädlich. Je offener Sie möglichen Einwänden begegnen, sie sogar ganz gezielt als erster ansprechen, desto wahrscheinlicher bewegen Sie etwas bei Ihrem Gegenüber.

Eine flexible Strategie von »Zu- oder Eingeständnissen«, Entgegnungen, Aufklärungsarbeit und gut vorbereiteter Argumentation wird nicht ohne positive Wirkung bleiben. Als sehr hilfreich können sich dabei Angst- und Wunschfragelisten und ihre intensive Vorab-Bearbeitung erweisen (s. S. 200).

West-Ost-Wechsel

Für Bewerber, die einen West-Ost-Wechsel planen, ist die Situation ähnlich. Sicher sind hier und da die Vorzeichen andere, aber es geht ebenfalls um pointierte Standpunkte, Vor-Urteile, Klischeedenken, dem Sie begegnen und etwas entgegnen müssen. Bedenken Sie: Sprechen Sie die Dinge offensiv an. Denn ein Grundsatz gilt immer: Sprechen kann helfen.

In der Vermischung – ein Ostler im West-Unternehmen im Osten bzw. ein Westler im Ost-Unternehmen im Westen – ergeben sich viele »Verkaufsvorteile« für den einzelnen Bewerber. Diese sind in einem Analyseprozeß vorab zu erarbeiten und erschließen sich nicht notwendigerweise sofort von selbst.

Das Wichtigste zusammengefaßt

Die genaue Analyse Ihrer eigenen Ausgangsposition und die gute Recherche zu den wichtigsten Charakteristika Ihres potentiellen neuen Arbeitgebers sind unerläßliche Vorarbeiten für Ihr erfolgreiches Vorstellungsgespräch. Berücksichtigen Sie neben Ihrer eigenen immer auch die Ausgangsposition Ihres Gegenübers. Nutzen Sie alle verfügbaren Informationen, um sich in Ihr Gegenüber hineinzuversetzen.

Die Vorbereitung des Auftritts

Ihre »Verkaufs«-Argumente

Sie kommen nicht darum herum, sich im Vorfeld eines Vorstellungsgesprächs intensive Gedanken darüber zu machen, wer und wie Sie sind – vor allem aber, wie Sie Ihrem Gegenüber etwas von sich vermitteln wollen.

Ihr »Drehbuch«

»Wie bringen Sie was rüber?« lautet die Frage, die Herausforderung. Schreiben Sie sich nach Abschluß Ihrer Überlegungen eine Art persönliches »Drehbuch«. Beschreiben Sie Ihre wesentlichen Merkmale, Eigenschaften, Charakterzüge, die Sie vermitteln wollen, und notieren Sie sich, wie Sie diese glaubhaft belegen können. Dabei gilt es, sich auf das Wesentliche zu beschränken, also Hauptmerkmale herauszuarbeiten und nicht etwa ganze Listen von Superadjektiven auswendig zu lernen.

Zu empfehlen sind drei, maximal vier bis fünf Merkmale, die Sie beruflich und charakterlich auszeichnen, nebst Beispielsituationen, mit denen Sie verdeutlichen und belegen können, worum es Ihnen dabei geht. Diesen positiven Hauptmerkmalen können Sie noch weitere drei hinzufügen, die auf einer zweiten Ebene vertiefend zu Ihrer Charakterisierung beitragen.

Es geht nicht um wirkliche Schwächen

Aber auch zwei, maximal drei Merkmale, die weniger ausgeprägt sind, als Sie es sich wünschen, sollten Sie vorab erarbeiten. Dabei kommt es natürlich darauf an, sich nicht völlig bloßzustellen, schließlich liegt man ja nicht bei seinem Psychoanalytiker auf der Couch.

Wenn es nicht gerade um einen Arbeitsplatz in einer ausgesprochen technischen Branche geht, könnten Sie z. B. unter der Rubrik »Schwächen« anführen, daß Sie bedauerlicherweise nicht dazu in der Lage sind, Ihr Auto allein zu reparieren. Oder daß Sie Mühe haben, Kompositionen von Bach und Händel immer auf Anhieb richtig zuzuordnen. Auch sind Sie vielleicht noch immer mit Ihren Spanischkenntnissen unzufrieden, obwohl Sie schon das dritte Mal dort Urlaub gemacht haben. Vielleicht kocht Ihre Frau oder Ihr bester Freund besser als Sie, was Sie beschämt.

Diese Beispiele sollen lediglich der Verdeutlichung dienen und Anregung sein, in entsprechend relativ harmloser Richtung nachzudenken. Vielleicht kommen Sie zu dem Ergebnis, daß Sie im Innersten Ihrer Seele z. B. Kritik an Ihrer Person nicht ertragen können. Diese Selbsterkenntnis wäre schon ein erster Schritt zur Besserung, ist aber wirklich nicht dazu angetan, in einem Vorstellungsgespräch ausgebreitet zu werden.

Logisch: Sie können nicht nach jeder Interviewerfrage zunächst einmal in diesem Buch nachschlagen und versuchen, die richtige Einordnungskategorie zu finden, um sich dann anhand unserer Hinweise eine gute Antwort zu überlegen. Stecken Sie also jetzt, d.h. vorher den Rahmen ab, was und wie Sie etwas über sich aussagen oder erzählen wollen. Dazu gehört natürlich in erster Linie Berufliches, aber auch ein gewisses Maß an Privatem. Was und wieviel, müssen Sie unbedingt vorab überlegen, um auch dann souverän bleiben zu können, wenn das Gespräch geradezu Verhörcharakter bekommen sollte.

Verzweifeln Sie nicht: Allein die Tatsache, daß Sie sich mit Hilfe unseres Buches mit den Hintergrundaspekten der verschiedenen potentiellen Fragen im Vorstellungsgespräch gründlich auseinandersetzen werden, stärkt Sie. Daß Sie anfangs dabei ein »flaues Gefühl« entwickeln und glauben, all dem nicht gewachsen zu sein, ist eigentlich ganz normal. Das Gegenteil sollte Sie übrigens viel eher mißtrauisch machen.

Erfahrungen sammeln

Es kann sehr hilfreich sein, Bewerbungserfahrungen zu sammeln, ohne daß Sie den angebotenen Arbeitsplatz unbedingt haben wollen. Solch ein Vorstellungsgespräch, bei dem es nicht so drauf ankommt, ist eine ideale Experimentier-, Spiel- und Lernebene, von der Sie profitieren – immer für den Ernstfall, wenn es dann wirklich für Sie darum geht, einen bestimmten Arbeitsplatz zu erobern.

Nun noch einige weitere Details, die Sie in Ihrer Gesamtbedeutung ebenfalls nicht unterschätzen sollten.

Die entspannte Anreise

»Wer zu spät kommt, den bestraft das Leben« – so der auch auf das Thema Bewerbungs- und Vorstellungsgespräch übertragbare Tip von Michail Gorbatschow. Also planen Sie genügend Zeit für Ihre Anreise ein, mit Berücksichtigung eventuell auftretender Verzögerungen (Staus etc.). Sollten Sie zu einem Vormittagstermin eingeladen sein, ist es von Vorteil, einen Tag oder spätestens am Abend vorher am Zielort zu sein.

Es empfiehlt sich, wenn irgend möglich, den Ort dieses für Sie bedeutsamen Treffens vorab wenigstens einmal von außen aus einer gewissen Entfernung »besichtigt« zu haben. So kennen Sie den Anreiseweg, wissen, wo man parkt bzw. wie man zu dem Hauptgebäude, in dem das Vorstellungsgespräch stattfindet, gelangt, kennen Wegezeiten, haben sich mental und auch emotional schon ein bißchen eingestimmt.

Atmosphäre testen

Auf diese Weise können Sie sich psychisch auch ganz anders vorbereiten, haben Sie doch jetzt eine realistische Vorstellung, wie das äußere Szenarium aussieht. Lassen Sie einmal die Atmosphäre auf sich einwirken, schauen Sie sich an, was die Fenster und das andere Drumherum Ihnen sagen (Steine können sprechen . . .). Aus vielen Details werden Sie sich ein Bild zusammensetzen können, das Ihnen hilft, den Geist des Hauses, der Firma, des potentiellen neuen Arbeitgebers besser zu erfassen.

Handelt es sich um futuristische Architektur oder ein Gebäude der Jahrhundertwende, dessen dicke Mauern langsam zu zerbröseln drohen? Ist der Zaun von der Art, wie man ihn um Gefängnisse baut, oder hat er mehr dekorativen als funktionalen Charakter? Alles Hinweise, Mosaiksteine für ein vorläufiges Bild, die am Tag der Begegnung zumindestens keine negativ irritierende Überraschung mehr bei Ihnen auslösen.

Auch wenn Sie glauben, den Weg gut zu kennen, können Sie nicht sicher sein, z. B. in einem labyrinthartigen Bürogebäudekomplex gleich den kürzesten Weg und das richtige Zimmer zu finden.

Besser also, Sie sind eine viertel Stunde zu früh da, als zehn Minuten zu spät. Natürlich dürfen Sie nicht übertreiben. Insbesondere sollten Sie im Vorzimmer des Geschehens nicht mehr als fünf Minuten vor dem vereinbarten Termin eintreffen. Wer zwanzig Minuten zu früh »aufkreuzt«, macht einen denkbar schlechten Eindruck.

Entscheidend ist, so ausgeruht wie nur irgend möglich zu sein. Sollten Sie sich wider Erwarten an einem so wichtigen Tag krank fühlen – aus welchen Gründen auch immer – ist es sinnvoller, den Termin abzusagen, als beispielsweise mit allen sichtbaren und unsichtbaren Befindensbeeinträchtigungen einer schweren Erkältung anzutreten und sich nicht optimal präsentieren zu können.

Und noch ein wichtiger Hinweis: Ist das Vorstellungsgespräch für Sie mit Fahrt-, Verpflegungs- und Unterbringungskosten verbunden, so gilt für die Erstattung folgende Regelung: Bei einer Einladung zum Vorstellungsgespräch muß der potentielle Arbeitgeber für alle angemessenen Kosten aufkommen, die Ihnen entstehen, egal, ob ein Arbeitsvertrag zustande kommt oder nicht. Sollte ein potentieller Arbeitgeber dazu nicht bereit sein, so muß er Ihnen diesen Sachverhalt vorher ausdrücklich mitgeteilt haben (was Sie sicherlich nachdenklich gestimmt hätte).

Seien Sie nicht kleinlich

Wenn Sie allerdings anfangen, bei der Abrechnung der Ihnen entstandenen Kosten das Parkhaus-Ticket oder den Fahrschein des öffentlichen Nahverkehrs in Rechnung zu stellen, lassen Sie – gelinde gesagt – den adäquaten Blick für Proportionen vermissen. An der Art und Weise, wie Sie Ihre Abrechnungsunterlagen zusammenstellen und die Gegenseite die Zahlungsabwicklung gestaltet, ist wechselseitig viel abzulesen. Hier sieht man schnell, mit wem man es zu tun hat. Das gilt für Bewerber- wie Unternehmensseite.

Stellen Sie sich bei einem Arbeitgeber aus Eigeninitiative vor, ohne die ausdrückliche Verabredung, daß dieser für die Reisekosten aufkommt, müssen Sie alle Auslagen selbst tragen.

Nochmals: Abgesehen davon, daß längere Autoanfahrten zu einem so wichtigen Termin wie dem Ihres Bewerbungs- und Vorstellungsgespräches eine Qual seien können, bedenken Sie besonders auch die Risiken: Stau, Panne, Unwetter, Glatteis, Unfall auch z. B. infolge mangelnder Konzentration – eben wegen der Prüfungssituation, in der Sie sich befinden.

Das Auto – Ihre dritte Haut

Wenn Sie jedoch mit dem Auto anreisen: hier noch ein Wort zum »Anreisemittel Ihrer Wahl«. Nicht zufällig behandeln wir dieses Thema jetzt vor dem Be-(Ver-)Kleidungs-Kapitel. Während die Kleidung etwa die Funktion einer zweiten Haut übernimmt, ist unser Auto die dritte. Es verrät viel über seinen Besitzer.

Ob Sie nämlich im Deux-Chevaux (2 CV), im nostalgischen Käfer, einem legendären Mercedes 180 D, einem knallroten Porsche, einem Fiat Uno oder oder oder vorgefahren kommen, wird nicht lange unregistriert bleiben. Spätestens bei einem zweiten Treffen schaut man Ihnen zu bzw. hinterher und sieht, womit Sie abfahren.

Auch Autos machen Leute

Und ob Ihr Wagen hinten voll mit Stickern beklebt ist (»Überholen Sie ruhig, ich kaufe Ihren Schrott auf«, »Ach Ihr da OHM, macht doch, WATT Ihr VOLT« – und ähnlich markige Sprüche) oder die Tuxer Gletschereisbahn, Sylt und Tirol fröhlich grüßen, oder ob Sie ein Kissen mit »exaktem Nackenschlag« oder Muttis Puppe mit selbstgehäkeltem Kleid, unter dem die Klorolle verborgen ist, im Heckfenster plaziert haben, sagt eben auch etwas über Sie und Ihre Wesensart aus. Ganz zu schweigen vom verbeulten, rostigen oder auch nur schlicht dreckigen Autoäußeren.

Ihre Kleidung – eine zweite Haut

Unsere zweite Haut ist ein ganz wesentlicher Signalträger und -geber unserer Befindlichkeit. Worin spiegelt sich unser Selbstbild deutlicher als in unserer Kleidung, unserem Outfit? An ihrer (Berufs-) Kleidung erkennen wir sie sofort: den Koch, Schornsteinfeger oder Arzt, den Obdachlosen, Jogger, Rocker oder Millionär. Ob Dame von Welt oder Vertreterin des ältesten Gewerbes der Welt, es gibt viele Be-Kleidungssignale, die uns bei der Einordnung und Orientierung behilflich sind.

Das Outfit macht's

Die Sozialpsychologie hat mit Hilfe eines Experiments herausgefunden, daß signifikant mehr Personen bereit sind, bei einer Rot zeigenden Fußgängerampel die Straßenkreuzung mit zu überqueren, wenn ein besonders gut gekleidetes »Modell« (Vorbild) es vormacht. Einer klar bescheiden bzw. eher ärmlich gekleideten Person folgen deutlich weniger Passanten bei Rot über die Straße.

Wundert Sie das? Es sollte Sie nachdenklich stimmen . . .

Das wußten Sie bereits: Wer sich zum Beispiel um einen qualifizierten Arbeitsplatz in einem Versicherungskonzern bewirbt, kommt besser nicht in Joggingschuhen und Jeans daher, auch wenn dies auf der Überlegung basiert, auf diese Weise seine dynamische Note unterstreichen zu wollen.

Sollten Sie nun aber glauben, daß diese Bekleidungsutensilien bei einem Sportartikelmulti dazu angetan sind, Pluspunkte zu sammeln, irren Sie (selbst wenn das Unternehmen einen Puma als Signet hat).

Gibt es Patentrezepte? Das sicherlich nicht. Aber generell gilt: Heutzutage kleidet man sich für ein Vorstellungsgespräch wieder gediegen, zurückhaltend-vornehm, eher konservativ. Gefragt ist auch bei Damen die schlichte Eleganz. Unsere Empfehlung: Schauen Sie sich doch einfach mal typische Berufsvertreter in der von Ihnen angestrebten Position an, und orientieren Sie sich für Ihr Vorstellungs-Outfit an deren Kleidung.

Eine zweite Visitenkarte

Verdeutlichen Sie sich, daß Sie nach dem Bewerbungsanschreiben mit Ihrem Erscheinungsbild eine weitere Arbeitsprobe und Visitenkarte abgeben. Vermeiden Sie es möglichst, besser gekleidet zu sein als Ihr Gegenüber, und verzichten Sie auf jede Extravaganz, also auf eine grelle, poppige, übertriebene Maskerade (auch Schminke) – mit vielleicht einer Ausnahme: Sie bewerben sich bei einer Werbeagentur oder in der »Kunstszene«.

Diese Kurz-Empfehlungen ersetzen keinen Besuch beim Modeberater oder einem »Dress-to-success«-Farb- und Stilberatungsstudio. Sollen sie ja auch gar nicht. Aber wir können es nicht oft genug sagen: Die gepflegte Gesamterscheinung, angefangen von der Frisur über das Make-up bei Damen (Bartträger, meine Herren, haben es besonders schwer), bis zu Kleidung, Schuhen und Accessoires (Brille, Uhr, Schmuck, Tasche und Tuch), alles muß aufeinander abgestimmt sein, zu Ihnen passen, Ihre persönliche Note unterstreichen und repräsentieren helfen, Sie vorteilhaft »verkaufen«.

O je, jetzt ist es raus, das schlimme Wort, hier geht es um das schnöde Verkaufen, mögen Sie jetzt denken, aber so ist es nun mal. Sie bieten Ihre Arbeitskraft und Leistung an, Ihr Gegenüber, der Betrieb, das Unternehmen kauft diese ein und garantiert für die monatliche Gehaltszahlung.

Verkleidungsregeln beachten

Ob es Ihnen nun paßt oder nicht, die Spiel-, d.h. in diesem Fall Verkleidungsregeln sind streng. Sie entscheiden, wie Sie sich an Ihrem potentiellen Arbeitsplatz einordnen, anpassen wollen. Und genau das ist es, was man dann auch sehen möchte: Wissen Sie, was man von Ihnen erwartet, und spielen Sie mit? Ein noch so talentierter Mitarbeiter kann, ja darf einfach auch an einem heißen Sommertag nicht in kurzen Hosen auftauchen. Zugegeben ein etwas überspitztes Beispiel, aber plastisch!

Ohne hier nun weiter auf die vielen Details eingehen zu wollen: Es kommt eben genau auf diese an. Die preisgünstigen Schuhe mit Plastiksohle und schiefgelaufenen Absätzen, der schon etwas angestoßene Aktenkoffer, unechter Schmuck, der unvorteilhafte Haarschnitt, das (gebrauchte?) Papiertaschentuch, weiße Socken zum dunklen Anzug – alles Indizien, die bei der Beurteilung und Entscheidung für oder (in diesen Fällen eher) gegen Sie sprechen.

Würde Jesus heute an die Headquarter-Tür des *Diakonischen Werkes* oder der *Caritas* anklopfen und sich auch nur als ABM-Sozialarbeiter anbieten – wer weiß, wie seine Chancen wären (also bei diesem Aussehen . . .). Aber auch Einstein hätte im Max-

Planck-Institut oder als Versicherungsmathematiker bei der *Allianz* im Vorstellungsgespräch null Chance. Bei dieser Frisur sind wir sicher!

Keine Risiken eingehen

Und noch ein Tip: Die Garderobe für Ihren wichtigen »Bühnen«-Auftritt müssen Sie kennen, d.h. vorher wenigstens an- und ausprobiert, besser einige Stunden bereits getragen haben. Drükkende Schuhe, einquetschende, fast platzende Hemden, rutschende Hosen, knallenge Röcke, fehlende Knöpfe, kaputter Saum, Flecken, alles das stellt im Moment, da Ihr »Bühnen«-Auftritt kurz bevorsteht, eine furchtbare Falle, eine Quelle von Verunsicherung, Gefährdung und Unwohlsein dar. Gehen Sie kein unnötiges Risiko ein, machen Sie eine Generalprobe, stimmen Sie sich selbst vor dem Spiegel in Ihre Rolle ein, aber auch in Ihre Kleidung. Ihr Selbstwertgefühl wird es Ihnen danken.

Sollten Sie zu einem »Auswärtsspiel« fernab von der Heimat anreisen, gilt es, auch an Ersatz-Vorzeigekleidung zu denken, falls z. B. im Flugzeug eine Tasse Kaffee auf Ihrem Anzug/Kostüm »landet«. Ersparen Sie sich den Streß, noch in letzter Minute einen Kostümverleih oder eine Schnellreinigung ausfindig machen zu müssen.

Betrachten Sie sich zu Hause gründlich im Spiegel, stellen Sie zu Ihrer geplanten Rolle und Ausstattung eine Beziehung her. Üben Sie Ihr Auftreten in der von Ihnen gewählten, sorgfältig zusammengestellten Kleidung.

Aber nicht nur Ihre Kleidung sollte Sie vorteilhaft erscheinen lassen. Auch das, was Sie über sich erzählen, darf ruhig weitgehend Ihre »Schokoladenseite« präsentieren. Warum Sie im Bewerbungsfall ein Recht auf Notlüge haben, lesen Sie jetzt.

Notlügen aus Notwehr

So wie der Gesetzgeber den Begriff Notwehr kennt, existiert für das Bundesarbeitsgericht der Sachverhalt der Notlüge. Darunter ist zu verstehen, daß bestimmte Fragen im Vorstellungsgespräch, z. B. nach der Zugehörigkeit zu einer politischen Partei, nicht wahrheitsgemäß beantwortet werden müssen, wenn der Bewerber davon ausgehen muß, daß von einer bestimmten Antworttendenz die Vergabe des Arbeitsplatzes abhängen könnte.

Nicht alle Themen sind erlaubt

Vorausgeschickt werden muß: Bestimmte Fragen und Themen dürfen im Bewerbungsverfahren gar nicht erst behandelt werden. Es sind nur solche Fragen erlaubt, die »arbeitsbezogen« sind, d.h. die mit dem zu besetzenden Arbeitsplatz in direktem Zusammenhang stehen.

Unzulässig ist die Ausforschung der politischen Meinung ebenso wie Fragen nach (auch früherem!) gewerkschaftlichem Engagement oder Privatplänen in puncto Heiraten, Familienplanung, Freizeitgestaltung und Hobbys. Frühere Krankheiten und die Frage nach einer Schwangerschaft sollten genauso tabu sein wie die Frage nach den Berufen von Lebenspartnern (oder anderen Personen, z. B. Eltern, Geschwistern) sowie nach den privaten Vermögensverhältnissen (evtl. Schulden).

»Verboten sind außerdem Fragen nach Vorstrafen, soweit ganz allgemein gefragt wird, also nicht nur nach solchen Vorstrafen, die ›einschlägig‹ sind, unzulässig ist dann konsequenterweise auch das Verlangen, ein polizeiliches Führungszeugnis vorzulegen, nicht statthaft sind schließlich Fragen nach laufenden Ermittlungsverfahren.

Unzulässig ist auch (s.o.) die Frage nach der früheren Arbeitsvergütung (sie dient ja u.a. dazu, evtl. Lohnansprüche des Bewerbers zu dämpfen); zulässig ist diese Frage jedoch dann, wenn sich daraus für die konkret in Aussicht genommene Tätigkeit Folgerungen ziehen lassen, z. B. wenn die Höhe der Vergütung Rückschlüsse auf die mit der früheren Tätigkeit verbundene Verantwortung ermöglicht und die in Aussicht genommene Position ebenfalls besonders verantwortliche Aufgaben mit sich bringt. (. . .)

Eingeschränktes Fragerecht

Beantwortet der Bewerber eine unzulässige Frage falsch, so hat dies für die Wirksamkeit des Arbeitsvertrages keinerlei nachteilige Folgen. Dies ist zwangsläufig die Konsequenz des einge-

Lebenslauf normalisieren

schränkten Fragerechts des Arbeitgebers. Denn das bloße Recht, die Antwort zu verweigern, würde dem Bewerber nichts nützen; hier wäre keine Antwort eben auch eine Antwort. Lassen sich Tatsachen, die der Bewerber nicht anzugeben braucht, aus dem Lebenslauf erschließen, so darf der Bewerber den Lebenslauf insoweit ›normalisieren‹.« (E. Stevens-Bartol, *Bewerbung, Einstellung, Vertragsschluß*. München 1990, S. 18f.)

Dr. X., niedergelassener Chirurg mit Kassenpraxis in Berlin, entschied sich für die charmante Michaela als seine neue Arzthelferin. Nach der Probezeit stellte sich heraus: Michaelas bezaubernder damenhafter Habitus entsprach nicht ganz den biologischen Tatsachen. Die Arzthelferin Michaela war, da sie sich noch keiner geschlechtsverändernden Operation nach dem Transsexuellengesetz unterzogen hatte, biologisch und offiziell beurteilt, der Arzthelfer namens Michael.

Der kleine Unterschied mußte dem Berliner Knochendoktor, von Berufs wegen eher ein Mann fürs Grobe, ganz offensichtlich beim Vorstellungstermin und der sich anschließenden Entscheidungsprozedur entgangen sein. Nichtsdestotrotz kündigte der Doktor seiner Arzthelferin Michael(a) nun fristlos, weil er sich arglistig getäuscht fühlte.

Vor dem Bundesarbeitsgericht sah man sich, da Michael(a) sich nicht in ihr Arbeitsschicksal fügen wollte, nach kostenspieligem Rechtsstreit wieder. Hier wurde entschieden: Ungefragt müsse kein Transsexueller mit seiner biologischen Sexualidentität aufwarten und selbst bezüglich der konkreten Nachfragen von Arbeitsplatzanbieterseite schienen dem Bundesarbeitsgericht Zweifel angebracht.

Ohne ausdrückliche Einwilligung des Bewerbers sind

- medizinische Untersuchungen
- psychologische Tests
- graphologische Gutachten
- Sicherheitsüberprüfungen sowie die
- Genomanalyse

unzulässig.

Es darf gelogen werden

Bewerber dürfen persönliche Umstände verheimlichen oder auf entsprechende Fragen konsequent lügen. Und mehr noch: »Allzu neugierige Arbeitgeber müssen schmerzlichen Schadenersatz fürchten«, weiß *Capital* (2/92) zu berichten. »Nachdem die Materie vor deutschen Arbeitsgerichten jahrzehntelang auf Sparflamme köchelte, macht jetzt der Europäische Gerichtshof in Luxemburg (EuGH) mächtig Dampf.« Ansatzpunkt ist die Gleichberechtigung der Geschlechter und die eigentlich auch schon früher als Tabuzone geschützte Intim- und Privatsphäre. Nur eben jetzt mit dem Unterschied, daß es für den Arbeitgeber beim allzu hemmungslosen Bewerberausfragen wirklich teuer werden kann. Natürlich gibt es wie bei jeder Regel auch Ausnahmen: Wenn z. B. jemand für die katholische Kirche arbeiten will, ist die Frage des Arbeitgebers Kirche nach der Religionszugehörigkeit des Bewerbers durchaus zulässig. Ebenfalls einsichtig ist die Frage nach früheren Krankheiten bei Pilotenbewerbern oder Zugführern.

Die Theorie ist grau

In der Alltagsbewerbungssituation ist es aber leider so, daß nahezu jeder Arbeitgeber unzulässige Fragen an die Bewerber stellt. Wohnsituation, Privatbeziehungen, Heiratsabsichten, Familienplanung, Gesundheitszustand, frühere Erkrankungen: Durch seinen Eingriff in die per Grundgesetz geschützte Privatsphäre des Arbeitssuchenden löst er bei diesem einen nicht zu unterschätzenden Gewissenskonflikt aus, dem mit dem Notwehrrecht auf Lüge Rechnung getragen wird.

Das Wichtigste zusammengefaßt

Was wollen Sie über sich und Ihre Fähigkeiten vermitteln, kommunizieren? Was ist Ihre Botschaft? Kennen Sie Ihre wirklichen Stärken, können Sie sie angemessen beschreiben, und wissen Sie, was Sie besser nicht erzählen? Aber auch das ist wichtig: Welche Schwächen können Sie eingestehen?

Die Anreise ist zu planen, die Aussagekraft von Kleidung und Auto einzukalkulieren. Hier liegen für den unbedarften Bewerber mehr Stolpersteine, als ihm lieb sein kann.

Zu wissen, bei welchen Themen und unzulässigen Fragen Sie beredt schweigen können oder sogar Geschichten (aus 1001 Arbeitstag) erzählen dürfen, ist ebenso wichtig wie die Übermittlung klarer Botschaften in eigener Sache.

Das Vorstellungsgespräch

Fragenrepertoire und Gesprächsablauf

Sie steuern mit!

Am Vorstellungsgespräch führt kein Weg vorbei. Wie es aber konkret abläuft, liegt auch mit in Ihrer Hand. Sie beeinflussen, ja bestimmen ganz wesentlich den Gesprächsverlauf.

Beweis: Wetten, daß ein relativ ausgefallenes Hobby wie z. B. Fallschirmspringen, das Sie in Ihrem Lebenslauf erwähnt haben, Ihr Gegenüber mit an Sicherheit grenzender Wahrscheinlichkeit veranlaßt, mehr darüber von Ihnen erfahren zu wollen?

Auch wenn dies ein wenig konstruiert klingen mag, es geht uns darum, Ihnen zu verdeutlichen, daß ein Teil der Fragen im Vorstellungsgespräch sich von Ihren Angaben im Bewerbungsanschreiben, Lebenslauf und den Anlagen (z. B. Arbeitszeugnissen) ableiten läßt.

Die (Lebenslauf-)Tatsache beispielsweise, daß Sie Ihre beiden vorletzten Arbeitgeber jeweils bereits nach einem dreiviertel Jahr wieder verlassen haben, wird unweigerlich intensiveres Nachfragen provozieren.

Mit anderen Worten: Die Art und Weise, wie Sie antworten, wie glaubwürdig und nachvollziehbar, was Sie wie ausführlich und in welchem Stil mitteilen, hat einen deutlichen Einfluß auf den weiteren Verlauf des Gesprächs.

Hier zunächst einmal der typische Ablauf des Vorstellungsgesprächs in seinen zehn Phasen bzw. Themen:

1. Begrüßung und Einleitung des Gesprächs
2. Motive der Bewerbung und Leistungsmotivation
3. Ausbildung und beruflicher Werdegang
4. Persönlicher, familiärer und sozialer Hintergrund
5. Gesundheit
6. Berufliche Kompetenz und Eignung
7. Informationen für den Bewerber

8. Arbeitskonditionen
9. Fragen des Bewerbers
10. Abschluß des Gesprächs und Verabschiedung

Abgesehen von der Begrüßungs- und Verabschiedungsphase kann selbstverständlich die Reihenfolge variieren. Auch müssen nicht gleich beim ersten Vorstellungsgespräch alle Themen ausführlich behandelt werden (z.B. Arbeitskonditionen). Diese Übersicht gibt Ihnen jedoch einen optimalen Eindruck, welche Themen insgesamt auf Sie zukommen können.

Worum es wirklich geht

Nach diesem Überblick möchten wir Ihnen die zehn Phasen des Vorstellungsgesprächs detailliert erläutern. Dazu haben wir das folgende Schema gewählt:

- Frage(n) – die an Sie gerichtet werden
- Hintergrund – dieser Fragen
- Hinweise – für eine optimale Beantwortung.

Die nachfolgenden Abschnitte dieses Buches informieren Sie umfassend darüber, welches Fragenrepertoire Personalchefs heutzutage »draufhaben«, welche *Fragen* im einzelnen zu den oben genannten Themen auf Sie zukommen können.

Sehr wichtig ist es uns, Sie mit dem eigentlichen *Hintergrund* der einzelnen Fragen vertraut zu machen, der sich – insbesondere in der Streßsituation Vorstellungespräch – nicht auf den ersten Blick erschließt.

So klingt z. B. die aufmunternde Aufforderung »Erzählen Sie doch mal etwas über sich« (vgl. S. 154) wie eine Einladung zum harmlos-lockeren Partygeplauder. In Wirklichkeit steckt dahinter ein komplexer Persönlichkeitstest, ein »Einbruchsversuch« in Ihre Privatsphäre, der Wunsch, Ihre Seelenlandschaft auszuforschen.

Unsere *Hinweise* sind keine Antwortvorgaben oder gar konkrete Formulierungsvorschläge, sondern sollen Chancen und Gefahren einzelner Beantwortungsmöglichkeiten verdeutlichen. Sie können Ihr Bemühen, zu jeder Frage jeweils Ihre ganz persönliche Antwortstrategie zu entwickeln, nicht ersetzen.

Für die nun vorgestellten rund 140 Fragen gilt: Nicht alle können Ihnen in einem ersten Gespräch gestellt werden. Rechnen Sie mit einer Auswahl von etwa zehn bis zwanzig Fragen. Sie wissen aber nach dem Studium unseres umfassenden Fragenkatalogs, was potentiell auf Sie zukommen kann und können sich entsprechend vorbereiten. Böse Überraschungen sind somit quasi ausgeschlossen, Angst und Aufregung wirksam reduziert.

1. Begrüßung und Einleitung des Gesprächs

Begrüßung, Händedruck, Vorstellung

Anschauen, lächeln, Hände drücken

Ihr Auftritt. Der berühmte erste Eindruck, wechselseitig. Sie bekommen ihn, und man bekommt ihn von Ihnen. Versuchen Sie, gelassen zu wirken, einigermaßen selbstsicher zu erscheinen. Vermeiden Sie es, abgehetzt, angespannt und nervös aufzutreten. Lächeln Sie Ihr Gegenüber freundlich an, schauen Sie Ihrem Gegenüber in die Augen. Stellen Sie sich, falls Ihr Name noch nicht gefallen ist, deutlich, aber in angemessener Lautstärke vor. Merken Sie sich die Namen Ihres oder (das ist schon schwerer) Ihrer Gesprächspartner. Es dient dazu, Ihr Gegenüber ganz direkt namentlich ansprechen zu können (nichts hört man lieber als seinen eigenen Namen). Auch für spätere Nachfaß-Aktionen (s. S. 214) muß man unbedingt wissen, mit wem man gesprochen hat. Schauen Sie sich ruhig ein bißchen um. Enthalten Sie sich jedoch jeder Kommentierung oder Frage (»Was für ein herrlicher Kandinsky!« / »Ist der Perser echt?« / »Das sind wohl Ihre Frau und Kinder, da auf dem Foto?«).

Hintergrund: Es geht in dieser allerersten Phase um die direkte persönliche Kontaktaufnahme, um Ihr Äußeres, Ihr Auftreten und Ihre Umgangsformen.

Kommen Sie pünktlich oder auf die letzte Minute? Wirken Sie

gehetzt, ängstlich-nervös oder ruhig, natürlich und gelassen – ohne übertriebene Selbstsicherheit, »Wurschtigkeit« oder sogar Arroganz? Sind Sie anpassungsfähig – vor allem aber: Machen Sie einen sympathischen (ersten) Eindruck?

Hinweise: Die bereits beschriebenen generellen Hintergrundaspekte des Vorstellungsgespräches spielen von den ersten Sekunden an eine wichtige Rolle. Wer dem Gesprächspartner – ob Personalchef oder Firmeninhaber – unpünktlich, abgehetzt und transpirierend gegenübertritt oder wie unter Tranquilizern stehend unterkühlt bis gelangweilt wirkt, vielleicht sogar deutlich genervt reagiert, weil er/sie 20 Minuten warten mußte, reagiert auf die Eröffnung der Schachpartie Vorstellungsgespräch nicht optimal (vorsichtig formuliert).

Ein zu kräftiger Händedruck (Marke »Knochenbrecher«) oder verschämte Laschheit (»tote Hasenpfote«) erzeugen wenig Sympathie in den ersten wichtigen Sekunden dieser für Sie bedeutsamen Begegnung mit Ihrem potentiellen Arbeitgeber. Das Abwischen der schweißfeuchten Hand an Rock oder Hose wirkt absolut peinlich. Der verschämte Blick nach unten oder an die Decke, der enttäuscht-verkrampfte Gesichtsausdruck, weil der Gesprächspartner nicht Ihren Erwartungen entspricht (zu jung, zu alt, nicht Ihr Typ) könnte folgenschwer auf Sie selbst zurückfallen, die Weichen gänzlich falsch stellen (aufs Abstellgleis, wegstatt angestellt).

Keep smiling

Unsere Empfehlung: Freundlich anlächeln, mitten ins Gesicht schauen, angemessen (wieder-)grüßen.

Small talk (»Wir danken Ihnen für Ihr Kommen . . . « / »Haben Sie gut hergefunden . . . ?« / »Was für ein schöner Tag« / »Was für schlechtes Wetter . . . «)

Hintergrund: Ihre Gesprächspartner wollen – wenn diese entsprechend geschult sind – Sie und sich selbst in einer ersten sogenannten »Warming-up«-Phase einstimmen, eine freundliche

Gesprächsatmosphäre herstellen und Ihre eventuelle Verkrampfung (Prüfungsangst) abbauen helfen.

Hinweise: Das ist zunächst alles ganz nett, sollte Sie aber nicht dazu verführen, zu ausführlich auf die angebotenen Themen einzugehen (Wetter, Parkplatzsuche, evtl. Anreise, Unterkunft usw.). Wer sich hier beklagt, daß das Hotelbett nicht seinen Erwartungen entsprach, daß er keinen Parkplatz gefunden hat, daß das Wetter ja jedesmal so schlecht ist, wenn er zu Bewerbungsgesprächen anreisen muß, könnte eigentlich schon gleich wieder seine Sachen packen und gehen.

Nörgler und Pessimisten entsprechen nicht den Erwartungen des Personalchefs an die Charaktermerkmale zukünftiger MitarbeiterInnen.

Natürlich dürfen Sie das Small-talk-Angebot nicht ablehnen – etwa mit dem Unterton: »Geht's hier ums Wetter – jetzt aber bitte zur Sache!« –, sondern müssen diplomatisch und angemessen darauf eingehen.

Bisweilen wird Ihnen vielleicht sogar etwas angeboten: Kaffee, andere Getränke (Säfte, Mineralwasser), etwas zu rauchen, möglicherweise sogar Alkoholisches. Letzteres ist ohne Zögern klar abzulehnen. Aber auch das Rauchen ist problematisch, vor allem, wenn Ihr Gegenüber keinen Ascher auf dem Tisch hat bzw. selbst keine Zigarette in den Händen. Die Nichtraucher sind auf dem Vormarsch. Besser also, falls Sie überhaupt rauchen: Sie lehnen dankend ab. Rauchen ist nicht mehr in, schon gar nicht während der ersten Vorstellungsgesprächsminuten.

Gibt es eine Kaffeerunde oder wird Mineralwasser bzw. Saft angeboten, sollten Sie sich nicht ausschließen. Falls Sie einen Getränkewunsch äußern dürfen, machen Sie es nicht kompliziert, bringen Sie niemanden in Verlegenheit, vor allem nicht sich selbst. Nicht jede Bürogetränkebar hat Tomatensaft mit Salz, Pfeffer und kleinen Eisstückchen vorrätig. Auch ein Pfefferminztee ist extrem unüblich und provoziert vielleicht vollkommen falsche Rückschlüsse auf den Gesundheitszustand Ihres Magen-Darm-Traktes.

Warten Sie einen günstigen Moment ab, um geschickt herauszufinden (falls Sie es noch nicht wissen), wieviel Zeit für Ihr Gespräch vorgesehen ist. Diese wichtige Information dient Ihnen dazu, Ausführlichkeit und Länge Ihrer Antworten dem vorgegebenen Zeitrahmen anzupassen. Weniger als eine halbe Stunde Gesprächszeit wäre enttäuschend, dagegen über eine oder gar mehrere Stunden schon etwas außergewöhnlich für die erste Begegnung.

Bereits in dieser »Warming-up«-Phase ist es nicht unüblich, daß Ihr Gegenüber die Gesprächsphase 7 (Informationen für den Bewerber, s. S. 165) vorzieht. Dann wird Ihnen über die Firma/Institution, die Produkte/Dienstleistungen und deren Bedeutung referiert.

Hören Sie interessiert zu, hier erfolgt ein Stück Arbeitgeber-Selbstdarstellung, deren narzißtischen Anteil Sie durch erhöhte und demonstrative Aufmerksamkeit wertschätzen müssen. Möglicherweise erfahren Sie Dinge, die im späteren Gesprächsverlauf erneut Thema werden (z. B. dann, wenn man offen erzählt, wie man sich seinen »Traumkandidaten« für diesen Arbeitsplatz vorstellt).

2. Bewerbungsmotive und Leistungsmotivation

Motive der Bewerbung

- **Wie ist es eigentlich zu Ihrer Bewerbung als . . . bei unserem Unternehmen/unserer Institution gekommen?**
- **Was reizt Sie an dieser Aufgabe/Position?**
- **Warum wollen Sie gerade bei uns, in unserem Unternehmen/unserer Institution arbeiten?**
- **Wie gut kennen Sie unsere Produkte/Dienstleistungen etc.?**

Hintergrund: Alle Fragen dienen der Überprüfung Ihrer Motivation, Ihres Interesses. Wie fundiert ist beides? Was bewegt Sie wirklich? Aus welcher Situation heraus bewerben Sie sich? Ist dieser

Arbeitsplatz (das Unternehmen/die Aufgabe) erste Wahl oder nur Kompromiß- bzw. sogar Notlösung?

Wie sind Image und Stellenwert des potentiellen Arbeitgebers bei Ihnen gewichtet? Wissen Sie den eventuellen neuen Arbeitgeber zu schätzen?

Hinweise: Auf diese Standardfragen müssen Sie wirklich gut vorbereitet sein, wenigstens 5 Minuten flüssig sprechen können. Es handelt sich hierbei um die wichtigsten, entscheidendsten Fragen und Themen im ganzen Gespräch!

Dabei darf der Unterhaltungs- und Spannungswert auf keinen Fall zu kurz kommen, was Sie übrigens ganz generell für viele Antworten berücksichtigen sollten. Langweilen Sie bloß nicht!

- **Warum haben Sie vor, den Arbeitsplatz zu wechseln?**
- **Weshalb wollen Sie Ihre jetzige Tätigkeit/Position aufgeben?**
- **Warum haben Sie in Ihrer jetzigen Firma/Institution keine Aufstiegschancen?**
- **Was sind die Gründe für Ihre Unzufriedenheit?**

Hintergrund: Es geht weiter um die Motive Ihrer Bewerbung, um die »Ausleuchtung« Ihrer Ausgangs- und Hintergrundsituation. Sind Sie in einer beruflichen/persönlichen Drucksituation, und wenn ja, warum? Wie hoch ist der Grad ihrer Unzufriedenheit, und wodurch ist diese bedingt?

Hinweise: Wie begründen Sie den Wunsch nach einem Arbeitsplatzwechsel oder einem Neu- bzw. Wiedereinstieg? Hier muß Ihnen eine plausibel klingende, überzeugende Argumentation gelingen. Verlieren Sie sich nicht in Details, beklagen Sie sich auf keinen Fall über Ihren jetzigen bzw. über frühere Arbeitgeber/Vorgesetzte oder über Ihre Aufgabenbereiche.

Gern wird gehört: Man will vorankommen, die neue Aufgabe wird als Herausforderung betrachtet, ist reizvoll, man möchte es sich und anderen beweisen. (Provoziert übrigens die nächste Frage:)

- **Was reizt Sie an der neuen Aufgabe?**
- **Was erwarten Sie speziell von uns, was erhoffen Sie sich?**

Hintergrund: Weiterhin geht es um die Überprüfung Ihrer Motivation. Wie gut sind Sie vorbereitet, wie realistisch sind Ihre Einschätzungen?
Hinweise: Wieder müssen Sie überzeugend argumentieren, Geduld zeigen, variantenreich argumentieren und sich nicht in Widersprüche oder simple Wiederholungen verstricken. Sind die von Ihnen angeführten Bewerbungsgründe nachvollziehbar?

Machen Sie deutlich, daß Sie sich auf die beruflichen Aufgaben und den potentiellen Arbeitgeber gut vorbereitet haben.

Gern gehört sind Stichworte wie »Zukunftschancen« und »Image der Firma« – aber vermeiden Sie plumpe Schmeicheleien.

- **Üben Sie Ihre jetzige berufliche Tätigkeit gerne aus?**
- **Was hat Ihnen bisher an Ihrer Aufgabe/Position gefallen, was mißfallen und warum?**
- **Was, glauben Sie, ist bei uns anders?**

Hintergrund: . . . ist die Sorge, daß Sie Ihre eventuell bestehende Unzufriedenheit quasi als »chronische Erkrankung« mit an den neuen Arbeitsplatz bringen und daß somit nicht objektive, sondern negativ-subjektive Gründe den gewünschten Wechsel bedingen.
Hinweise: Selbstverständlich üben Sie Ihre jetzige berufliche Tätigkeit gerne aus, identifizieren sich mit Ihrem Beruf.

Einerseits möchte man Sie (ab-)werben, andererseits hat man Angst, daß sich hinter Ihrer Wechselbereitschaft unangenehme Überraschungen auch für den potentiellen neuen Arbeitgeber und Arbeitsplatz verbergen. Es geht um die Befürchtung des Arbeitgebers, sich durch Sie ein »Kuckucksei« ins Nest zu holen.

Schildern Sie Ihre jetzigen Aufgaben zu negativ, wird man an Ihnen zweifeln, bei zu positiver Darstellung wirkt Ihr Wunsch nach einem Arbeitsplatzwechsel unglaubwürdig.

Ein Ausweg aus diesem Dilemma ist die plausible Darstellung, worin die Verbesserung durch den Wechsel oder Neustart/Wiedereinstieg für Sie besteht.

- **Woher ist Ihnen unser(e) Unternehmen/Institution bekannt?**
- **Wie gut kennen Sie uns bereits, unsere . . . (z. B. Produktion/ Marktposition/Dienstleistungen usw.)?**
- **Wie stellen Sie sich Ihre Tätigkeit bei uns vor?**

Hintergrund: Die Fragen zur Überprüfung der Qualität Ihrer Vorbereitung auf das Vorstellungsgespräch werden konkreter und detaillierter. Wie überzeugend ist Ihre Darstellung, und wie ziehen Sie sich auch bei unangenehmen Fragen aus der Affäre?
Hinweise: Bei guter Vorbereitung haben Sie einiges über das Unternehmen/die Institution in Erfahrung gebracht und machen jetzt bei den Fragen zu diesem Punkt einen kompetenten Eindruck. Das darf Sie aber nicht dazu verleiten, sich bei der Frage, wie Sie sich die Tätigkeit beim neuen Arbeitgeber vorstellen, zu sehr zu exponieren. Es ist eigentlich Sache Ihres Gesprächspartners, Ihnen eine Arbeitsplatzbeschreibung zu geben. Es besteht leicht die Gefahr, daß Sie sich »vergaloppieren« und als notorischer Besser- oder Alleswisser unangenehm auffallen.

- **Haben Sie einen besonderen persönlichen Bezug zu unserem Unternehmen?**
- **Kennen Sie Mitarbeiter aus unserem Haus?**
- **Was haben die Ihnen denn so alles über uns erzählt?**

Hintergrund: Welche Wertschätzung bringen Sie Ihrem potentiellen Arbeitgeber entgegen? Woher beziehen Sie Ihre Informationen? Wissen Sie, was man wie sagt und was man lieber für sich behält?
Hinweise: Ein persönlicher Bezug zum Unternehmen kann von Vorteil sein. Wenn Sie sich auf diese Frage vorbereitet haben und die Auskunft glaubwürdig klingt, sammeln Sie Pluspunkte.

Lassen Sie sich nicht dazu verleiten, eventuelle Kenntnisse aus der internen Firmen-Gerüchteküche auszuplaudern. Wenn Sie angeben möchten, jemanden aus dem Unternehmen zu kennen, sollten Sie einschätzen können, wie deren/dessen Position und Ansehen ist.

- **Haben Sie zur Zeit noch andere Bewerbungsverfahren laufen?**
- **Gibt es schon konkrete Verhandlungen bzw. Ergebnisse?**

Hintergrund: Wieder geht es um die Motivation, die Ernsthaftigkeit Ihres Arbeitsplatzwechsel-Wunsches, die Frage, wieviel Druck hinter diesem Anliegen steckt. Aber auch die besondere Wertschätzung gegenüber dem speziellen potentiellen Arbeitgeber soll mit diesen Fragen erforscht werden. Ist diese Firma/Institution erste Wahl, oder rangiert sie irgendwo unter »ferner liefen«? Setzen Sie alles auf eine Karte, oder haben Sie – aus welchem Druck und Antrieb auch immer – eine Vielzahl von Bewerbungsschreiben »ausgestreut«?
Hinweise: Wie hoch ist Ihre Identifikation mit dem jetzt gerade ablaufenden Bewerbungsverfahren? Also: Kein Wort über evtl. Absagen und Fehlschläge und besser nichts über parallele Verhandlungen, es sei denn, Sie haben ein ganz konkretes Angebot, das für Sie ernsthaft in Betracht kommt. Gefahr: Sie wirken unglaubwürdig bis erpresserisch und vermasseln sich Ihre Chancen.

- **Was bewog Sie damals, im Jahre 19XX und dann 19XX, den Arbeitsplatz zu wechseln?**

Hintergrund: Wechseln bzw. wechselten Sie im Frieden oder Unfrieden? Gibt es bei Ihnen sich wiederholende Motive, die Sie zum Arbeitsplatzwechsel veranlassen? Spielen dabei in Ihrer Person begründete Probleme eine Rolle (vor denen man sich aus Arbeitgebersicht bewahren möchte)?
Hinweise: Seien Sie darauf vorbereitet, (auch frühere) Arbeitsplatzwechsel plausibel darstellen zu können. Schuldzuweisungen

kommen immer extrem schlecht an, diese addieren sich letztlich nur auf dem Negativkonto der Person, die sie ausspricht.

Leistungsmotivation

- **Was hat für Sie Priorität bei Ihrer Arbeit?**
- **Wie stellen Sie sich im Idealfall Ihre Arbeit, Aufgaben vor?**
- **Was sind – aus Ihrer Sicht – die Vor- und Nachteile der von uns angebotenen Position, und wie wollen Sie damit umgehen?**

Hintergrund: Wie intensiv haben Sie diese Themen bereits durchdacht? Wie realistisch sind Ihre Einschätzungen? Was für eine »Arbeits-Persönlichkeit« sind Sie? Wie präsentieren Sie sich? Welche Merkmale (auch: Persönlichkeit) zeigen Sie bzw. lassen Sie erkennen? Welche Prognose für Ihre Leistungsmotivation kann man bei Ihnen aufgrund Ihrer Antworten wagen?
Hinweise: Stellen Sie sich geschickt an im Umgang mit schwierigen, weil komplexen Themen? Empfehlung: Nicht in Details verlieren (verlieben), nicht zu sehr »Überflieger« sein. Das realistische Mittelmaß – aber nicht zu glatt! – wird honoriert. Wer hier in ein 20minütiges Referat verfällt oder Extrempositionen vertritt, ist »out«.

- **Auf welche Ihrer beruflichen Leistungen und Erfolge sind Sie besonders stolz?**
- **Und jetzt zu Ihren Mißerfolgen . . .**

Hintergrund: Was haben Sie als Leistungsnachweis anzubieten? Nebenbei: Wie gehen Sie mit heiklen, komplexen Fragen um?
Hinweise: Ihr mögliches Erschrecken beim Lesen dieser Frage (»Mein Gott, was würde ich denn darauf antworten?«) dokumentiert noch einmal die Sinnhaftigkeit einer guten Vorbereitung. Sie erspart das Schockiertsein mit nachfolgendem Stammeln oder Verplappern in der Realsituation Vorstellungsgespräch.

An Ihren Erfolgen und besonders an den von Ihnen eingestandenen Mißerfolgen werden Sie gewogen. Wer keine Mißerfolge zu berichten weiß, macht sich extrem verdächtig, und wer eingesteht, ein »Millionending« in den Sand gesetzt zu haben, »outet« sich selbst.

Während man bei den Erfolgsberichten etwas großzügiger (aber nicht unglaubwürdig) sein darf – insbesondere die Teamleistung sollte hervorgehoben werden – gilt es bei den Mißerfolgen, eher bei sich selbst zu bleiben (Ich ...), ohne jedoch wirklich gravierende, irreparable Schäden zu beichten.

Die Analyse Ihrer Erfolgs- und Mißerfolgsberichte läßt viele Rückschlüsse auf Sie als potentiellen Mitarbeiter zu.

- **Wie sehen Sie Ihre Zukunft?**
- **Was sind Ihre Ziele?**
- **Was möchten Sie in drei und was in fünf Jahren erreicht haben?**

Hintergrund: Wieder geht es um Leistungsbereitschaft und Motivation, um »Biß«, »Drive«, »visionäre Begabung« oder schlicht um Ihre Zukunftsplanung.
Hinweise: Hier behandeln Sie natürlich zunächst ausschließlich Ihre beruflichen Perspektiven. Als leistungsmotivierter Mitarbeiter sind Sie zuversichtlich, was Ihren beruflichen Werdegang anbetrift. Aber: Exponieren Sie sich nicht zu sehr, damit man vor Ihnen keine Konkurrenzangst bekommt und glaubt, Sie würden gleich die Säge am Stuhl Ihres Chefs/Vorgesetzten ansetzen ...

3. Beruflicher Werdegang

- **Wie verlief Ihr bisheriger Berufsweg?**
- **Aus welchen Gründen haben Sie sich für den Beruf / die Branche / die Arbeitsplätze X, Y und Z entschieden?**
- **Und warum jetzt für diese neue Position in unserem Haus?**

Hintergrund: Planung oder Zufall? Ist ein roter Faden bei Ihren Motiven für Arbeitsplatz- und Positionswechsel erkennbar?
Hinweise: Was Sie in Ihren Bewerbungsunterlagen kunstvoll zu

Papier gebracht haben, müssen Sie jetzt überzeugend und gegebenenfalls auch ausführlich darstellen und begründen können. Wichtig ist dabei die Präsentation eines logischen Zusammenhanges zwischen einzelnen beruflichen Stationen. Mit dem gereizten Hinweis »Aber das steht doch bereits alles schon in meinen Unterlagen!« würden Sie sich sofort aus dem Bewerbungsverfahren katapultieren.

- **Berichten Sie uns etwas über die wichtigsten Aspekte Ihrer bisherigen Tätigkeiten.**

Hintergrund: Gelingt es Ihnen, komplexe Sachverhalte überzeugend auf den Punkt zu bringen, und paßt dies inhaltlich zu der angebotenen Stelle?
Hinweise: »Aufgrund meiner Arbeitsgebiete/Tätigkeiten X, Y und Z glaube ich, für die Aufgabe/Position gut vorbereitet zu sein« – ohne dies wörtlich so auszusprechen, könnte so ungefähr der Tenor bei der Beantwortung dieser Frage lauten.

- **Was sind z.Z. Ihre konkreten Arbeitsaufgaben?**
- **Was machen Sie davon gerne, was ungerne?**
- **Schildern Sie einmal den Ablauf eines typischen Arbeitstages.**

Hintergrund: Hier geht es dem Interviewer darum, einen tieferen Einblick in Ihre derzeitigen Aufgaben zu bekommen und zu überprüfen, ob der gute Eindruck aufgrund Ihrer schriftlichen Bewerbungsunterlagen Bestand hat. Mit anderen Worten: Man versucht, Ihre beruflichen Schwachstellen zu enttarnen.
Hinweise: Diese auf den ersten Blick harmlos klingenden Fragen sind schwieriger zu beantworten, als Sie glauben. Deshalb erfordern sie eine besonders gute Vorbereitung im Hinblick auf den angestrebten Arbeitsplatz. Wer z. B. behauptet, an seinem aktuellen Arbeitsplatz alles nur gut und gerne gemacht zu haben, lügt ausgesprochen ungeschickt. Warum dann wohl der angestrebte Wechsel?

- **Warum haben Sie Ihren Arbeitgeber öfter bzw. selten gewechselt?**

Hintergrund: Schwachstellen aufdecken; den Bewerber durch diese Frage mit einer schwierigen, u.U. peinlichen Situation konfrontieren und beobachten, wie er sich verhält.
Hinweise: Vorbereitet sein; gut argumentieren können; glaubwürdige Darstellung, auch mit Anerkennung von eigenen Fehlern; sich nicht aus der Ruhe bringen lassen; nicht aggressiv reagieren.

- **An welchen Fortbildungsmaßnahmen haben Sie teilgenommen? Wer hat diese initiiert?**

Hintergrund: Überprüfung von Leistungsmotivation und Kompetenz. Fortbildung aufgrund von Eigeninitiative oder nur auf Anordnung?
Hinweise: Wenige Sätze reichen aus. Es kommt darauf an, daß Sie etwas Relevantes zu berichten wissen. Fachliteratur und der regelmäßige Austausch mit Kollegen in einem vergleichbaren Arbeitsbereich ist das unterste Niveau, das hier inhaltlich beschritten werden kann. Besser sind Tagungen, Messen, Fortbildungsveranstaltungen etc.

- **Was zeichnet Ihrer Meinung nach einen guten Vorgesetzten aus?**
- **Was einen guten Mitarbeiter?**
- **Jetzt diese beiden Fragen mit umgekehrten Vorzeichen – »schlechten« Vorgesetzten . . . usw.**
- **Was schätzen Sie an Ihren Arbeitskollegen/Vorgesetzten – was nicht?**

Hintergrund: Was sind Ihre Maßstäbe bei der Beurteilung von Vorgesetzten und Kollegen? Worauf kommt es Ihnen an? Erneut: Wie gehen Sie mit schwierigen Fragen um?
Hinweise: Zeigen Sie Wertschätzung für Vorgesetzte und Kolle-

gen, machen Sie aber auch gegebenenfalls deutlich, daß Sie in bestimmten Situationen anders entschieden hätten. Vermitteln Sie Respekt und die richtige Mischung aus Selbstbewußtsein und Loyalität.

- **Fühlen Sie sich in Ihren beruflichen Leistungen von Ihren früheren Vorgesetzten angemessen beurteilt?**

Hintergrund: Wie gehen Sie mit dem heiklen Thema Leistungsbeurteilung um? Lassen Sie sich provozieren, und nehmen Sie Schuldzuweisungen vor? Ergreifen Sie die erstbeste Gelegenheit, über andere herzuziehen? Sind Sie der Typ des ewig verkannten Genies?
Hinweise: Halten Sie sich bedeckt, und lassen Sie sich nicht provozieren. Vermeiden Sie vor allem Klagen über Ihre früheren Vorgesetzten und eine unglückliche Selbstdarstellung.

- **Was würden Sie gern an Ihrem jetzigen Arbeitsplatz verändern, wenn Sie Veränderungen durchführen könnten, wie Sie wollen?**

Hintergrund: Sind Sie ein notorischer Besserwisser oder gar ein »Revolutionär«? Ein reiner Provokationstest – es geht nicht um Kreativität.
Hinweise: Natürlich gibt es Dinge, die veränderungswürdig sind, aber dies ist hier nicht der Rahmen, detailliert und angemessen die Probleme an Ihrem derzeitigen Arbeitsplatz auszubreiten. Halten Sie sich einfach bedeckt.

- **Was war bisher Ihr schlimmstes, unangenehmstes (Arbeits-)Erlebnis?**

Hintergrund: Ein Persönlichkeitstest in Frageform. Es geht darum, Ihnen »auf den Zahn zu fühlen«, eventuelle Widersprüche zum Thema bisherige Mißerfolge aufzudecken.
Hinweise: Aufgepaßt – was war Ihre Antwort bei der Frage nach Ihrem größten Mißerfolg? Welches Bild geben Sie von sich ab?

4. Persönlicher, familiärer und sozialer Hintergrund

In dieser Gesprächsphase geht es um drei Bereiche:
- Wer und wie sind Sie?
- Mit wem leben Sie zusammen, und wie sind diese Personen?
- Wie sieht Ihr erweitertes soziales Umfeld (Freunde, Bekannte, Kollegen) aus?

Zu Ihrer Person

- **Wir wollen Sie gerne kennenlernen, erzählen Sie uns etwas über sich.**
- **Wie würden Sie sich kurz charakterisieren?**

Hintergrund: Ein umfassender Persönlichkeits-Check-up, der mit zwei Fragen auskommt. Ein unverstellter Versuch, in die Schränke und Schubladen Ihrer Persönlichkeit zu schauen. Es geht um die zentrale Frage: Paßt der Bewerber in unser Unternehmen?
Hinweise: Hier haben Sie es quasi mit aufdringlichen Besuchern, unter Umständen sogar mit »Einbrechern« in Ihre Privatsphäre zu tun. Es liegt an Ihnen, sich auf Derartiges gut vorzubereiten. Wichtig: Beginnen Sie bei sogenannten offenen Fragen wie dieser immer erst damit, die berufliche Ebene anzusprechen und später – wenn überhaupt notwendig – die private.

- **Was sind Ihre Stärken, was Ihre Schwächen?**
- **Was ist Ihr größter Erfolg/Mißerfolg (beruflich/privat)?**
- **Was war bisher in Ihrem Leben Ihr schlimmstes Erlebnis?**

Hintergrund: Wie stellen Sie sich dar? Wie glaubwürdig wirken Sie dabei? Lassen sich ungeahnte Schwächen entdecken?
Hinweise: Sie sollten mit Gelassenheit sowohl die positiven als auch einige harmlose negative Dinge darstellen und vertreten (die berufliche Seite zuerst; vielleicht geht der Interviewer schon zur nächsten Frage über, bevor Sie zur Darstellung von natürlich

unverfänglichen Schwächen und Mißerfolgen im privaten Bereich kommen).

Überlegen Sie sich genau, welche Offenheit Sie sich bei der Darstellung von Schwächen und Mißerfolgen leisten können. Und nie vergessen: Sie befinden sich nicht auf der Couch Ihres Psychoanalytikers oder beim Pfarrer im Beichtstuhl!

- **Was schätzen Sie generell an anderen Menschen, was nicht (Arbeitskollegen/Vorgesetzte/Freunde/Bekannte)?**
- **Haben Sie Leitbilder?**

Hintergrund: »Persönlichkeitsdiagnostik« (s. a. entsprechende Fragen im vorigen Abschnitt.

Hinweise: Hier gilt wieder der generelle Hinweis, daß jede Aussage über andere immer auch eine Mitteilung über Sie selbst bedeutet.

- **Warum sollten wir gerade Sie einstellen?**

Hintergrund: Ein fundamentaler Test Ihres Selbstbewußtseins und Selbstvertrauens. Sind Sie in der Lage, die für Sie sprechenden Eigenschaften im Hinblick auf die angestrebte Position prägnant zusammenzufassen?

Hinweise: Obwohl diese Frage zu den absoluten Standardfragen gehört, trifft sie viele Bewerber völlig überraschend und unvorbereitet. Ihnen sollte es nicht so gehen. Das ist Ihre große Chance. Aber bitte keinen 20-Minuten-Monolog (Vorschlag: Argumentation 1. . . . , 2. . . . , 3. . . . reicht aus).

- **Wir wollen Sie als Mensch kennenlernen. Was machen Sie neben Ihrer Berufstätigkeit?**
- **Welche Interessen, welche Hobbys haben Sie?**
- **Welche Sportarten betreiben Sie?**

Hintergrund: Es geht um das Kennenlernen der »ganzen Person«,

um Ihr Interessenspektrum, um Besonderheiten, Hobbys, kulturelle Aktivitäten und Neigungen (z. B. Lesen – Kant oder Konsalik?). Denken Sie auch an Ihre körperliche Fitneß (Tennis oder Tischtennis?).
Hinweise: Die Beantwortung sollten Sie nicht dem Zufall überlassen. Die Antwort »Polospielen« macht einen anderen Eindruck als die Beschäftigung mit Briefmarken. (Vorsicht beim Bluffen – auf Nachfragen vorbereitet sein!). Sehr viel Sport ist leider wegen der begrenzten Freizeit nicht möglich, aber zu Ihrem Körper haben Sie natürlich ein gesundes Verhältnis. Vorsicht bei Risikosportarten wie z. B. Drachenfliegen (nicht zu verwechseln mit Drachensteigenlassen . . .).

- **Was bedeutet Teamarbeit für Sie?**

Hintergrund: Sind Sie eher extra- oder introvertiert, ist hier die Frage. Sind Sie lieber Einzelkämpfer oder Gruppenmensch?
Hinweise: Was wird wohl bei der von Ihnen angestrebten Position eher gewünscht? Heutzutage werden insbesondere teamfähige Leute gesucht – auch wenn dann später in der Realität jeder gegen jeden (an-)tritt.

- **Mit welchen Menschen arbeiten Sie gern/ungern zusammen?**
- **Hatten Sie schon mal Schwierigkeiten mit Vorgesetzten und/oder Kollegen?**
- **Wenn ja: Mit wem? Warum? Wie sind Sie damit umgegangen? Was haben Sie daraus gelernt?**

Hintergrund: Es geht weiter ganz unverstellt zur Sache (Psychodiagnostik), hier um den Aspekt: Wie ist es um Ihr Konfliktlösungspotential bestellt?
Hinweise: Wenn es Ihnen bei diesen Fragen die Sprache verschlägt, spricht das gegen Sie. Jeder Mensch bevorzugt bestimmte Kollegen und hat schon mal Schwierigkeiten mit seinem Chef gehabt. Nur gerade jetzt müssen Sie wissen, was Sie darüber preisgeben wollen und auf welche Weise.

- **Worüber können Sie sich so richtig ärgern?**
- **Was macht Sie wütend?**
- **Was bereitet Ihnen Sorgen?**

Hintergrund: Fortsetzung der Psychodiagnostik. Wie gehen Sie mit derartigen Fragen um? Kann man Sie damit ärgern oder gar verängstigen?
Hinweise: Machen Sie sich nicht ganz zu (verkrampfen Sie nicht), aber lassen Sie auch nicht die Katze völlig aus dem Sack (oder noch drastischer: »die Sau raus«). Bei diesen Fragen ständen Sie ohne Vorbereitung ziemlich geschockt mit dem Rücken an der Wand und hätten das Gefühl, beim Öffnen einer Sardinendose zugegen zu sein.

Da Sie hier eigentlich nur die Wahl zwischen Pest und Cholera haben, also nur schlechte Zensuren ernten können, kommt es darauf an, diese kritische Streß-Interview-Phase (s. S. 200) mit Format und Gelassenheit durchzustehen. Weichen Sie nicht auf, sondern aus – z. B. auf (relativ) Unverfängliches (die letzte Heimniederlage Ihres Lieblingsclubs, Ihre Schwiegermutter, Hundekot auf der Straße, die Vernichtung von Lebensmitteln im EU-Raum, schlechte kulturelle Leistungen bei Theater- und Konzertaufführungen Ihrer Lieblingsstücke usw. usw.).

Auch das Sorgen-Thema müssen Sie ähnlich geschickt umschiffen. Eine Herausforderung an Ihre Inszenierungsbegabung für das Ohnsorg-Theater.

- **Wie gehen Sie mit Kritik um?**

Hintergrund: Wieder eine Persönlichkeits-Testfrage.
Hinweise: Es kommt sicherlich immer darauf an, wer Sie wann wie und weshalb kritisiert. Kritik bringt Sie nicht um (selbstverständlich auch nicht solche Fragen), sondern hoffentlich weiter.

- **Was sind Ihre ganz persönlichen Lebensziele?**
- **Was möchten Sie persönlich für sich in naher/ferner Zukunft erreichen?**

Hintergrund: Eine gewisse Lebensplanung mit beruflichen und privaten Zielsetzungen runden das Idealbild eines guten Bewerbers ab.
Hinweise: Lernen, Leistung, Vorwärtskommen. Haben Sie ein Gespür dafür, was man hier wohl von Ihnen hören will? Achtung: Es geht primär um Berufliches – vermeiden Sie private Offenbarungen.

Was sind Ihrer Meinung nach die größten Mißstände . . .
- **in der Welt**
- **in unserem Land**
- **in Ihrer Heimatstadt**
- **in dem Unternehmen, in dem Sie z. Z. arbeiten?**

Hintergrund: Wie differenziert ist Ihre Kritikfähigkeit, welchen Einblick erlauben Ihre Antworten in persönliche Grund- und Werthaltungen, ja sogar in Ihre Persönlichkeitsstruktur. Im letzten Frageteil geht es um Ihre Loyalität zu Ihrem jetzigen Arbeitgeber.
Hinweise: Wer z. B. auf allen vier Ebenen (Welt, Land, Stadt, Firma) das unerträgliche Umsichgreifen der Korruption in markantlarmoyanten Worten beklagt, sagt damit (unwissentlich) mehr über sich als über die beklagten objektiven Mißstände. Sie können das Wort »Korruption« durch Pornografie, Werteverfall, Egoismus auf allen Ebenen usw. ersetzen – jede Aussage beleuchtet mehr die Persönlichkeit des Antwortenden als die vordergründig abgefragten Mißstände. Achtung: Damit ist diese Frage ein knallharter (unzulässiger) Persönlichkeitstest!

Übrigens: Auch wenn Sie auf den verschiedenen Ebenen unterschiedliche Mißstände benennen, wird der geschulte Zuhörer den gemeinsamen Oberbegriff herauszuhören versuchen, um Rückschlüsse auf Ihre Persönlichkeit vorzunehmen.

Der Interviewer will Sie mit den Fragen nach größeren Zusammenhängen (Welt, Land, Stadt) u. U. von dem für ihn eigentlich interessanten Aspekt ablenken: welche Kritikbereitschaft Sie Ihrem aktuellen Arbeitgeber gegenüber einnehmen (Stichwort Loyalität).

Bei den globalen Mißständen könnten Sie auf Kriege, Umweltzerstörung, Hunger in der dritten Welt etc. hinweisen, in unserem Land evtl. auf die Arbeitslosigkeit und das Problem der Steuerumverteilung, in Ihrer Stadt auf Verkehrs-, Bau- und Umweltprobleme, in Ihrer Firma sehr vorsichtig auf die noch nicht optimal organisierte Gleitarbeitszeit etc. Aber aufgepaßt . . .

Zu Ihrer Familie

- **Wie sieht Ihre aktuelle Lebenssituation aus?**

Hintergrund: Mit wem leben Sie zusammen? Als Single, mit Lebens- oder Ehepartner?
Hinweise: Verliebt, verlobt, verheiratet, geschieden, verwitwet, Kinder? Alles Themen, die den Arbeitgeber eigentlich absolut nichts angehen. Aber allzu häufig fragt er nun mal leider unzulässigerweise danach. Und wenn Sie dann beichten müssen, noch immer mit Ihrer 93jährigen Frau Mama zusammenzuleben, entstehen vielleicht grundsätzliche Zweifel an Ihrer Muttivation.

- **Stellen Sie uns doch bitte mal Ihre Familie vor.**
  (Gegenfrage: Welche? Meine Ursprungsfamilie oder meine jetzige?)

Hintergrund: Neugieriges Informationsbedürfnis über den Bewerber und das Milieu, das ihn umgibt, aus dem er kommt (möglicherweise also beide Familien . . .).
Hinweise: Gehen Sie nicht zu sehr ins Detail, Sie müssen sich nicht rechtfertigen, warum Sie z. B. geschieden, wieder verheiratet oder überhaupt nicht verheiratet oder liiert sind. Ebenso: Warum Sie sich keine oder zahlreiche (ab 3) Kinder leisten und was Ihre eigenen Eltern gemacht bzw. versäumt haben, wie es bei Ihnen zu Hause damals zuging... (vgl. auch S. 134: Notlügen aus Notwehr).

- **Was macht Ihre Frau / Ihr Mann beruflich, und wo?**

Hintergrund: Abchecken der sozialen Verhältnisse. Devise: Zeige mir deinen Partner, und ich weiß ein bißchen mehr, wer und wie du bist.
Hinweise: Sie sind sich darüber im klaren, daß Sie eine relativ konfliktfreie, weitgehend problemlose heile Welt präsentieren müssen.

- **Was sagt Ihr Lebenspartner zu Ihren Plänen? Gibt es da evtl. Probleme? (Umzug/Arbeitszeiten etc.)**

Hintergrund: Bekommen Sie Unterstützung? Ist Ihr Lebenspartner mit Ihren Plänen einverstanden, oder gibt es da Hemmnisse?
Hinweise: Wer hier nicht überzeugend positiv auftritt oder gar zugeben muß, noch nichts besprochen, nichts geklärt zu haben, sammelt Minuspunkte.

Zu Ihrem sozialen Hintergrund

- **Gibt es Bereiche, in denen Sie sich besonders engagieren?**

Hintergrund: Wie sieht es mit politischen oder sozialen Prioritäten aus, für die Sie sich bisher engagiert haben (Parteien, Gewerkschaften, Bürgerintiativen, Kirche, Vereine, soziale Institutionen – z. B. Telefonseelsorge, Anonyme Alkoholiker, Spastikerhilfe, Greenpeace, Amnesty International, DRK etc.)?
Hinweise: Machen Sie sich bewußt, welches Bild Sie von sich entwerfen, wenn Sie sich zu dem einen oder anderen sozialen oder politischen Engagement bekennen, und wie das wohl von Ihrem potentiellen Arbeitgeber eingeschätzt wird.

- **Mit welchen Menschen sind Sie gerne zusammen, und was verbindet Sie mit diesen?**

Hintergrund: »Zeige mir deine Freunde, und ich sage dir, wer du bist« – Informationen über Dritte sind Informationen über einen selbst. Sind Sie kontaktorientiert?
Hinweise: Natürlich geht es nicht wirklich um Herrn oder Frau XY aus Ihrem Freundes- und Bekanntenkreis, sondern um Sie. Wie sehen Ihre sozialen, zwischenmenschlichen Beziehungen aus – quantitativ und qualitativ?

5. Gesundheitszustand

- **Waren Sie schon mal ernstlich erkrankt?**
- **Bestehen bei Ihnen gesundheitliche Einschränkungen mit beruflichen Auswirkungen?**
- **Gab es Krankenhausaufenthalte/Unfälle, leiden Sie an Allergien?**

Hintergrund: Wie steht es um Ihre uneingeschränkte gesundheitliche Leistungsfähigkeit?
Hinweise: Absolute Gesundheit gibt es wohl heutzutage kaum. Lassen Sie trotzdem keine Zweifel daran aufkommen, daß es bei Ihnen keine berufsrelevanten Beeinträchtigungen gibt (Sie sind hier ja nicht beim Arzt; siehe auch Rechtsprobleme des Vorstellungsgesprächs, S. 134).

Der Arbeitgeber darf sich nur nach aktuellen Erkrankungen erkundigen, die die berufliche Leistungsfähigkeit einschränken. Hier werden sehr häufig die rechtlich zulässigen Frage-Grenzen überschritten - also aufgepaßt! Sollten Sie Zweifel haben, ob Sie ganz gesund sind, fragen Sie Ihren Arzt, aber lassen Sie keine Zweifel im Vorstellungsgespräch aufkommen. Bagatellerkrankungen wie z. B. auch ein kleinerer, jährlich wiederkehrender Heuschnupfen, gehen den Arbeitgeber nichts an.

- **Waren Sie im letzten Jahr mehr als zweimal beim Arzt?**
- **Haben Sie einen Hausarzt?**

Hintergrund: Fangfragen zur Überprüfung des Gesundheitszustandes im Hinblick auf befürchtete Fehlzeiten.
Hinweise: Achtung aufgepaßt – nicht (ver)plappern. Das sind üble Rhetoriktricks, auf die man nicht hereinfallen darf (siehe dazu auch S. 196).

6. Berufliche Kompetenz und Eignung

- **Wie gut kennen Sie sich in unserer Branche, in unserem Metier aus?**
- **Wie schätzen Sie die aktuelle (zukünftige) Marktsituation ein?**

Hintergrund: Wie sieht Ihr aktueller Wissensstand aus? Können Sie kompetent mitreden, einschätzen, beurteilen?
Hinweise: Es gilt das schon mehrfach zum Thema Vorbereitung/Recherche Gesagte. Sollten Sie bei einer dieser Fragen trotz guter Vorbereitung nicht genug Hintergrundwissen haben, bekennen Sie sich dazu. Es macht Sie nicht unsympathisch, wenn Sie in Maßen Kenntnislücken zugeben.

- **Kennen Sie . . . (dieses Verfahren, die Person, die Diskussion um etc.)?**
- **Was ist Ihre Meinung über . . . ?**
- **Wie beurteilen Sie . . . ?**
- **Was würden Sie machen, wenn . . . ?**

Hintergrund: Test von Informationsstand und Fachwissen bis hin zur Aufforderung, spontan im Gespräch eine »Mini-Arbeitsprobe« abzulegen.
Hinweise: Hier werden Sie selbst am besten wissen, wie Sie auf diese Fragen zu reagieren, zu antworten haben. Möglicherweise handelt es sich auch um eine Testfrage, mit der man Sie aufs Glatteis führen will und das XYZ-Verfahren, von dem man suggestiv behauptet, daß Sie es doch sicherlich kennen würden, existiert in Wirklichkeit überhaupt nicht. Also bekennen Sie sich ggf. zum Nichtkennen.

- **Welche Publikation (Fachbuch/Artikel) aus Ihrem Arbeitsgebiet hat Sie in der letzten Zeit besonders beschäftigt?**
- **Welche Fachzeitschriften haben Sie abonniert, lesen Sie regelmäßig?**
- **Welche Kongresse, Fachtagungen, Weiterbildungen etc. haben Sie in der letzten Zeit besucht?**

Hintergrund: Überprüfung von Engagement, Motivation und Kompetenz in fachlicher Hinsicht.
Hinweise: Siehe Hinweis zur vorigen Frage. Eine aktuelle, auch fachwissensbezogene Vorbereitung (in Maßen) zahlt sich hier aus.

- **Auf welchem Sektor lag Ihr Ausbildungsschwerpunkt, und wie kam es dazu?**
- **Was würden Sie als Ihren aktuellen, spezifischen Arbeitsschwerpunkt bezeichnen?**

Hintergrund: Wie kompetent können Sie sich und Ihr Arbeitsgebiet darstellen? Auch die Art und Weise Ihres »Vortrags« wird an dieser Stelle mitbewertet.
Hinweise: Fragen nach Ihrer Ausbildung (evtl. Lehre, Studium) und der ersten beruflichen Einstiegsposition kommen sicherlich bei einem gestandenen Praktiker seltener vor. Dennoch ist es wichtig, auf derartige Nachfragen, bei denen es auch um die Verknüpfung von Vergangenheit und Gegenwart geht, nicht ganz unvorbereitet zu sein.

- **Was schätzen Sie: Wie lange brauchen Sie, um sich bei uns in Ihr neues Aufgabengebiet einzuarbeiten?**
- **Auf welchem Gebiet haben Sie noch größere Defizite, und was gedenken Sie dagegen zu tun?**

Hintergrund: Wie realistisch ist Ihre Selbsteinschätzung, und wie gehen Sie mit kritischen Fragen zu Ihrer Person um?

Hinweise: Bei der ersten Frage wären Ihrerseits Hinweise auf Unterstützung und Kooperation durch den Arbeitgeber, Fachvorgesetzte und Kollegen angemessen, auf die Sie in der ersten Zeit angewiesen sind. Natürlich haben Sie Defizite, die Sie aber vielleicht jetzt noch nicht ganz überblicken und dank der betrieblichen Unterstützung und Ihres besonderen Einarbeitungsengagements sowie Ihrer Fortbildungsbereitschaft schnellstens beheben werden können. Empfehlung: Bloß nicht kränken oder provozieren lassen.

- **Können Sie uns noch einmal verdeutlichen: Was spricht für und was gegen Sie als unser Kandidat?**
- **Warum sollten wir gerade Sie einstellen?**

Hintergrund: Abermals ein Test zur Selbsteinschätzung und -darstellung.
Hinweise: Eine Kurzzusammenfassung der Argumente, die für Sie sprechen, ist jetzt gefordert. Gut, daß Sie darauf vorbereitet sind . . . An Argumenten gegen Ihre Person fällt Ihnen höchstens eins ein, maximal anderthalb. Natürlich etwas relativ Harmloses, was jeder potentielle Arbeitgeber leicht entkräften könnte. Sie werden doch nicht selbst den Stab über sich brechen.

- **Was machen Sie, wenn Sie den Arbeitsplatz bei uns nicht bekommen, wenn wir uns für einen anderen Bewerber entscheiden?**

Hintergrund: Wie verarbeiten Sie Frustrationen, und inwieweit zeigen Sie dies?
Hinweise: Weder wären Sie völlig zerknirscht oder am Boden zerstört noch heilfroh und glücklich, wenn Ihnen dieser Job erspart bliebe. Bringen Sie zum Ausdruck, daß Sie eine Entscheidung gegen Sie als Kandidat bedauern, aber akzeptieren würden (was bleibt Ihnen auch übrig!). Sie sind – wie auch immer – derzeit gut verankert und keinesfalls auf den neuen Arbeitsplatz absolut angewiesen.

7. Informationen für den Bewerber

Früher oder später im Gespräch kommt der Moment, daß Ihr Gegenüber berichten will, wie es bei ihm in der Firma/Institution zugeht. Das ist eine wichtige Gesprächsphase, in der es vor allem auf Ihre demonstrative Zuhörfähigkeit ankommt – im Psychojargon »aktives Zuhören« genannt.

Hintergrund: Selbstdarstellungslust und Imagepflege auf Arbeitgeberseite.
Hinweise: Hören Sie wirklich aufmerksam zu, unterbrechen Sie nicht leichtfertig, machen Sie einen stark interessierten Eindruck, fragen Sie nach, und eröffnen Sie Ihrem Gegegenüber auf diese Weise neue Selbstdarstellungsfelder. Er wird es Ihnen danken.

Verdeutlichen Sie aber auch, daß Sie sich vorbereitet haben und einige Informationen bzw. Details bereits wußten, ohne arrogant »heraushängen« zu lassen: »Weiß ich schon alles«. So sammeln Sie auf leichte Art und Weise Sympathiepunkte.

Häufig steht ein Teil der Informationen für den Bewerber bereits am Anfang des Gespräches. Dann haben sie u.a. die Funktion, das Gespräch einzuleiten und die Aufregung des Bewerbers abzubauen. Dennoch besteht auch immer mitten im Gespräch die Chance, den Gesprächspartner zur Selbstdarstellung anzuregen und so viele angenehme (Zuhör-)Minuten mit leicht verdienten Sympathiepunkten zu verbringen.

Spätestens in dieser Phase des Gespräches ist nun auch Ihr Gegenüber in einer Bewerbungsposition, und das Rollenspiel wechselt ein bißchen.

Übrigens: An der Qualität und Quantität des Informationsangebotes und seiner Vermittlung können Sie durchaus das Interesse an Ihrer Person sowie Ihren Stellenwert als Bewerber erkennen.

8. Arbeitskonditionen

Es liegt auf der Hand: In einer ersten Vorstellungsrunde sind Sie einer von mehreren Kandidaten. Möglicherweise hat der Arbeitsplatzanbieter noch nicht alle Bewerber kennengelernt, so daß die Arbeitskonditionen in einem ersten Gespräch nicht die gleiche wichtige Rolle spielen, wie zu einem späteren Zeitpunkt des Bewerbungsverfahrens, z. B. in einem zweiten Vorstellungsgespräch.

Trotzdem geht es natürlich darum, schon in der ersten Gesprächsrunde grob abzuklären, ob man sich auf die Rahmenbedingungen einigen könnte.

Diese beinhalten auch inhaltliche Aspekte des potentiellen Arbeitsplatzes. Am Beispiel der Unterpunkte eines fiktiven Arbeitsvertrages zeigen wir auf, worum es hier gehen kann:

Aufgabengebiet; Arbeitszeit; Probezeit; Kündigungsfristen; Kompetenzen und Vollmachten; Urlaubsregelung; Bezahlung; Geheimhaltungspflichten; Konkurrenz-/Wettbewerbsschutz; Nebenbeschäftigung; Vertragsänderungen; sonstige Abmachungen, Sondervereinbarungen wie z. B. Dienstwagen, Altersversorgung, Umzugskosten, Trennungsentschädigung, Reisekostenvergütung, Unfallversicherung, Sonderzahlungen bei längerer Erkrankung etc.

Wie gesagt: Detailliert verhandelt werden diese Aspekte erst, wenn man wirklich in die absolut engere Wahl gekommen ist, sehr selten gleich beim ersten Vorstellungsgespräch. Halten Sie sich also mit Fragen in dieser Richtung stark zurück. Jetzt ist dafür noch nicht der richtige Zeitpunkt.

Trotzdem – an dieser Stelle zwei Kernfragen:

- **Welche Gehaltsvorstellung haben Sie?**
- **Wie hoch sind Ihre aktuellen Bezüge?**

Hintergrund: Das alte Spiel: Der Preis ist heiß. Zahlemann & Söhne.

Hinweise: Können Sie den Wert Ihrer Arbeitsleistung angemessen einschätzen? In welchem Verhältnis steht Ihre Forderung zu Ihren jetzigen Bezügen? (s. S. 176).

- **Wann könnten Sie bei uns anfangen?**
- **Wenn wir uns für Sie entscheiden, brauchen wir Sie sofort. Ist das möglich?**

Hintergrund: Wie integer sind Sie, wie loyal Ihrem alten Arbeitgeber gegenüber? Wie weit lassen Sie sich unter Druck setzen und manipulieren?
Hinweise: Tappen Sie nicht in die Loyalitätsfalle, auch wenn Ihnen viel an diesem neuen Job liegt. Sie verlassen Ihren alten Arbeitsplatz nicht »Hals über Kopf«, laufen nicht einfach davon, weder jetzt bei Ihrem alten, noch später bei dem neuen Arbeitgeber. Die vertraglichen und arbeitsrechtlichen Spielregeln sind allgemein bekannt. Trotzdem: Gegen eventuelle Sondierungsgespräche mit Ihrem alten Arbeitgeber bezüglich eines früheren Austrittstermins ist nichts zu sagen.

9. Fragen des Bewerbers

In jedem Vorstellungsgespräch gibt es einen programmierten Rollenwechsel, in der Art, daß Sie als Bewerber nun Fragen stellen dürfen, die Ihr Gesprächspartner beantworten wird.

Hintergrund: An den klugen Fragen erkennt man »einen klugen Kopf«, einen motivierten und kompetenten Bewerber. Was Sie jetzt wissen wollen, wird hinterfragt, auf Sinngehalt und aktives Interesse hin überprüft.
Hinweise: Sollten Sie mit Themen auffallen, die Sie eigentlich im Vorfeld hätten klären können oder durch aufmerksames Zuhören an einer anderen Stelle des Gesprächs längst hätten »speichern« müssen, erzielen Sie einen negativen Effekt.

Wer zuerst auf die Betriebsrente oder den Urlaub zu sprechen kommt, ist für sein Negativimage selbst verantwortlich.

Sinnvolle Fragen können sich u. a. auf folgende Aspekte beziehen: Aufgabengebiet, Zuständigkeit, Verantwortung, Kooperationspartner, globale Bezahlung. Gehen Sie hier nicht weiter ins Detail. Beachten Sie den Hinweis: Detailliert verhandelt wird erst, wenn . . . (s.a. S. 176).

Übrigens: Es macht keinen schlechten Eindruck, wenn Sie schriftlich vorbereitete Fragen »aus der Tasche ziehen« und sich auch während der verbalen Ausführungen Ihres Gegenübers gelegentlich dezent Notizen machen.

Hier einige Beispielfragethemen (eventuell auch für das zweite Vorstellungsgespräch, s. S. 216):

- Ist diese Position/dieser Arbeitsplatz neu geschaffen worden oder fester Bestandteil in Ihrem Unternehmen?
- Wer hat diese Aufgabe bisher wahrgenommen?
- Mit welchem Erfolg, was gab es für Probleme?
- Warum ist der Arbeitsplatz frei geworden?
- Was macht der ehemalige Stelleninhaber jetzt?
- Haben Sie eine detaillierte Stellenbeschreibung, darf ich die sehen, mitnehmen?
- Gibt es ein Organigramm (Organisationsplan), in dem der ausgeschriebene Arbeitsplatz dargestellt wird?
- Mit welchen Personen, Abteilungen werde ich zusammenarbeiten?
- Welche speziellen Erwartungen haben Sie an den neuen Stelleninhaber?
- Was, meinen Sie, sollte dieser als erstes tun, was ist das Wichtigste?
- Ist die Möglichkeit gegeben, die neuen Kolleginnen und Kollegen, mit denen ich zusammenarbeiten würde, vorab kennenzulernen?
- Welchen beruflichen Hintergrund haben die zukünftigen Kollegen, Vorgesetzten?

- Wie ist die Einarbeitungsphase geplant? (Ansprechpartner, Programm, auch: wo, wie lange?)
- Welche späteren Entwicklungsmöglichkeiten gibt es für mich von dieser Position aus?
- Welche Fort- u. Weiterbildungsangebote gibt es in Ihrem Unternehmen?
- In Ihrer Anzeige (in Ihren Unterlagen) schreiben Sie . . . Was verstehen Sie darunter?
- Welche aktuellen Vorhaben stehen in Ihrem Hause für die nahe Zukunft an?
- Welche Probleme in Ihrem Unternehmen bedrücken Sie am meisten?
- Wie würden Sie den Führungs- und Umgangsstil in Ihrem Haus charakterisieren?

Und noch einmal: Machen Sie nicht den Fehler, Fragen zu stellen, als ob Sie bereits sicher wären, morgen anfangen zu können und im nächsten Moment den Arbeitsvertrag zu unterschreiben. Dieser und seine Konditionen sind noch weitestgehend tabu. Aber auch ein Nachfragen in Richtung: Wie werden Sie sich entscheiden, wann höre ich von Ihnen, und wie sind meine Chancen, sind zu diesem Zeitpunkt noch nicht opportun.

Zeigen Sie abermals Geduld und Gelassenheit. Geben Sie Ihrem Gegenüber nicht das Gefühl, bedrängt zu werden. Zeigen Sie sich interessiert, aber auch abwartend.

10. Abschluß des Gesprächs und Verabschiedung

- **Warum sollten wir gerade Ihnen den Arbeitsplatz geben?**
- **Können Sie bitte noch einmal kurz zusammenfassen, was Ihre Stärken, aber auch Ihre Schwächen sind?**

Hintergrund: Wie auch in der Gesprächsphase 4 (Zu Ihrer Person) erläutert, geht es um negative, aber vor allem um positive Eigenschaften, die Sie charakterisieren und vor allem in einen Bezug zum angestrebten Arbeitsplatz bringen sollten.

Hinweise: Diese Aufforderung können Sie gut benutzen, um noch einmal die wichtigsten Argumente für Ihre Person und Bewerbung zusammenfassend vorzutragen (im Stil etwa: 1. . . . , 2. . . . , 3. . . .). Negative Argumente fallen Ihnen nicht ein, bzw. überlassen Sie diese (später) Ihrem Gesprächspartner. Achtung: Wiederholungsfrage!

Abgang mit Format

Zum Schluß kommt es auf den Versuch eines angenehmen »Abgangs« an, auch unter dem Aspekt der Imagepflege für den Arbeitsplatzanbieter. Man wird sich bei Ihnen für Besuch, Bewerbung und das Interesse an der Firma/Institution bedanken.

Wichtig ist nun eine Klärung, wie es weitergeht, wer voraussichtlich wann zu einer Entscheidung gelangt. Dies alles sollte aber ohne Bedrängung, Ungeduld oder gar Selbst-(Ver-)Zweifel(ung) vorgetragen werden.

Kommen Sie also bloß nicht auf die Idee, direkt oder verklausuliert zu fragen: Wie finden Sie mich? (Im Zweifel ohne Brille gar nicht!) oder: Wie werden Sie sich entscheiden? Das braucht naturgemäß Zeit, und die haben Sie, denn Sie stehen ja nicht (erkennbar) unter Druck. Unser Vorschlag: »Was meinen Sie, wie sollten wir verbleiben? Soll ich Sie anrufen – sagen wir in einer Woche –, oder melden Sie sich, bekomme ich Nachricht von Ihnen?«

Nun unser letzter Hinweis: Be prepared. Keep smiling. Beim Rausgehen vor der Bürotür auf jeden Fall die Contenance bewahren. Die Tür nicht zuknallen, nicht erleichtert aufatmen (und wenn, nur ganz leise), keine Flüche, weiterhin aufrecht gehen . . .

Leider sehen sich Frauen beim Vorstellungsgespräch immer noch häufig mit speziellen Vorbehalten, Vorurteilen und daraus resultierenden Fragen konfrontiert. Hierzu das folgende Kapitel:

Frauenfragen – vom Umgang mit Männer-Vorurteilen

Über 50% der Frauen im Alter zwischen 15 und 65 Jahren sind in Deutschland berufstätig. In Spitzenpositionen der Wirtschaft, Industrie und Handel findet man dagegen nicht einmal sechs Prozent von ihnen. Selbst im öffentlichen Dienst ist die Quotierung nicht viel besser. Die Vorstellungsgespräche leiten in der Regel Männer.

Im Vordergrund: Motivation, Kompetenz, Persönlichkeit

Bei Vorstellungsgesprächen mit Bewerberinnen stehen die Themen Motivation, Kompetenz und Persönlichkeit noch deutlicher im Vordergrund. Die entsprechenden generellen Fragen haben wir Ihnen ja bereits vorgestellt.

Was wollen, was können Sie, und trauen Sie sich diese Aufgabe wirklich zu? – ist der möglicherweise skeptische Unterton von Männerseite. Nicht selten kommt es sogar zu dem Versuch des Fragen- (und Fallen-)stellers, Ihnen die ganze Bewerbung um den Arbeitsplatz, den Job auszureden. Ein übler Motivationstest!
Mit welchen speziellen Fragen muß frau rechnen?

- **Warum sollten wir uns gerade für Sie entscheiden?**

gibt Ihnen nochmals Gelegenheit, Ihre überzeugende Argumentation zusammenzufassen. Spätestens mit der Frage:

- **Was sagt denn Ihre Familie dazu (Partner/Kinder, so Sie welche haben)?**

wird sicherlich die spezifische »Frauenfragerunde« eingeläutet. (Hören Sie diesen sehr schwer zu beschreibenden Unterton in dem Männer-Fragesatz?)

- **Wie regeln Sie das mit den Kindern (sofern Sie welche haben, die noch zu versorgen sind) . . . ? Oder den Haushalt . . . ?**

Und wenn Sie ledig sind, aber »im heirats- und gebärfähigen Alter«, kommt es »knüppeldick«.

Fragen wie ...
- **Wie stellen Sie sich Ihre Zukunft vor?**
- **Wie sieht Ihr Lebensplan aus?**

haben noch einen etwas anderen Hintergrund für Sie als Bewerberin. Klar: Es geht um die Themen Heirat und Kinderkriegen.

Bleiben Sie cool – lassen Sie sich überhaupt nicht provozieren – denn das ist es, was mann unter anderem will: Sie aus der Fassung bringen und hysterisch ausflippen sehen. Da Sie dies aber längst durchschaut haben und über eine ungeheure Sozialkompetenz verfügen (die vielen Männern nicht geheuer ist!), bewältigen Sie diesen Teil des Frage-Antwortspiels mit Charme und ggf. Vergebung.
Weiter geht's mit Fragen in der Richtung:

- **Familie oder Beruf? Wie kommt's, wie ist's, wie geht's bei Ihnen ...?**

Besonders Frauen werden im Vorstellungsgespräch häufig mit unzulässigen Fragen konfrontiert. Schwangerschaft, Partnerbeziehung und Familienleben gehen den Arbeitgeber – wie dargelegt – absolut nichts an (vgl. S. 135).

Typische Beispiele dafür sind:
- **Erzählen Sie etwas über Ihre aktuelle Lebenssituation.**
- **Wie sind Ihre Kinder versorgt, während Sie arbeiten?**
- **Wie sieht Ihre Familienplanung aus?**

Hintergrund: Der Arbeitgeber befürchtet ökonomische Einbußen infolge von Fehlzeiten (Schwangerschaft, Krankheiten der Kinder etc.) der potentiellen Arbeitnehmerin. Eine andere Variante: Falls Sie einen Mann haben, der viel Geld verdient, wird Ihnen schnell mangelnde Arbeitsmotivation unterstellt.
Hinweise: Vorsicht! Die Frage zur aktuellen Lebenssituation, im Klartext: ob und mit wem Sie zusammenleben, geht den neuen

Arbeitgeber nichts an. In der Regel jedoch wird danach gefragt. Ehefrau und drei reizende Kinder sind für einen männlichen Kandidaten ein gutes Aushängeschild. Bei Frauen kann mittels dieser Frage die entscheidende Weiche für eine Absage gestellt werden. Seien Sie sehr, sehr gut vorbereitet, und stellen Sie unmißverständlich klar, daß Ihre Kinder während Ihrer beruflich bedingten Abwesenheit hervorragend betreut sind.

Anfragen nach der Familienplanung und nach einer bestehenden Schwangerschaft sind prinzipiell verboten. Hier dürfen Sie ungestraft lügen. Diese Fragen sind grundsätzlich nicht (mehr) zulässig:

Nach einem Urteil des Europäischen Gerichtshofs vom 8.11.1990 (Rs. C – 177/88) ist die Frage nach einer Schwangerschaft selbst dann unzulässig, wenn sich nur Frauen auf den Arbeitsplatz bewerben. Diese Entscheidung hat bindende Wirkung. Damit ist jetzt die Frage nur noch für Stellen zulässig, die eine schwangere Frau gar nicht antreten könnte (z. B. als Mannequin oder Schauspielerin).

Ob Sie in absehbarer Zeit Kinder haben möchten oder wie Ihre Familienplanung überhaupt aussieht, sind ebenfalls unzulässige Fragen, die in Ihre Intimsphäre eingreifen. Also dürfen Sie auch hier so antworten, wie es für Sie vorteilhaft ist (Das Recht auf Lüge, s. S. 137).

- **Was sagt Ihr Lebenspartner zu Ihren Plänen?**
- **Wie können Sie Beruf und Familie miteinander vereinbaren?**

Hintergrund: Welche Unterstützung haben Sie, bzw. mit welchen Schwierigkeiten sind Sie zu Hause konfrontiert?
Hinweise: Für Bewerberinnen ist dies eine Frage, bei der die Antwort gut bedacht sein sollte. Frauen mit Kindern brauchen einen Mann, der hundertprozentig hinter den beruflichen Plänen seiner Partnerin steht, und sollten ihn auf jeden Fall als solchen darstellen, damit der potentielle neue Arbeitgeber nicht daran zweifelt, daß der Partner im Notfall auch für die Kinder dasein

wird. Die Realität lehrt jedoch, daß letztendlich meistens alles an den Frauen hängenbleibt ... Nicht nur bei Alleinerziehenden.

Aber auch für Bewerberinnen ohne Kinder kann die Frage nach der Einstellung des Partners zu Ihrer Berufstätigkeit eine Falle sein:

Inwieweit würde der Partner beruflich zurückstecken, um seiner Frau eine Karriere zu ermöglichen? Ebenfalls nicht zu unterschätzen: Was würde bei einem berufsbedingten Ortswechsel des Partners passieren? Denn auch wenn sich eine Trendwende abzeichnet – noch immer geben viele Frauen ihren Arbeitsplatz auf, wenn der Ehemann sich beruflich verändert. Im umgekehrten Fall...

- **Wollen Sie sich wirklich beruflich engagieren, oder ...?**

Hintergrund: Klassisches männliches Vorurteil (»Meinen Sie es wirklich ernst, und wie ernst meinen Sie es?« – Stichwort Angst...).

Hinweise: Eine Frage, die einem Mann so wohl nie gestellt würde, aber eventuell Ihnen als Bewerberin. Männer als Entscheidungsträger in einem Unternehmen neigen dazu, lediglich zwei Kategorien von Mitarbeiterinnen zu kennen: diejenigen, die aus purem Vergnügen nur ein bißchen dazuverdienen wollen und die mann nicht recht ernst nehmen kann bzw. braucht, und dann diejenigen, die »richtig« Karriere machen wollen und vor denen mann sich wirklich in acht nehmen muß, weil sie für das eigene Fortkommen und Machtstreben gefährlich werden könn(t)en.

PS: In dieser Männerperspektive gibt es noch eine dritte Kategorie: Frauen, die alles falsch machen (in der Ehe und im Straßenverkehr, Frau am Steuer ...).

Wenn Sie sich während des Gesprächs durch die Frage nach Ihrem »wahren« beruflichen Engagement in die Enge getrieben sehen, heißt das oberste Gebot: cool bleiben. Was auch immer Sie sagen – es könnte zu Ihrem Nachteil ausgelegt werden. Deshalb gibt es dafür überhaupt kein Patentrezept, Sie müssen einfach situationsbedingt reagieren und versuchen, die Bedenken Ihres Gegenübers zu zerstreuen . . .

- **Sind Ihre Kinder öfter krank?**

Hintergrund: Nicht die altruistische Sorge um die Gesundheit Ihrer Kinder, sondern die egoistische Sorge um Ausfallzeiten und damit Kosten beschäftigt hier den Arbeitgeber.
Hinweise: Ihre Kinder haben Gott sei Dank die einschlägigen Krankheiten (und auch die Zähnchen) schon hinter sich . . . Und Sorgen (Schule, Hasch) alles kein Problem bei Ihnen zu Hause, weil alles prima organisiert und in bester Ordnung ist. Jedoch Vorsicht vor zu glatter Darstellung und dem Neid, den mann Ihnen entgegenbringen könnte.

Aber nicht nur Frauen sehen sich – wie eben beschrieben – mit ganz speziellen Fragen konfrontiert. Arbeitslose, Wiedereinsteiger und Bewerber ab ca. 45 Jahre und älter werden sich ebenfalls mit besonderen Fragen auseinandersetzen müssen. Es würde den Rahmen dieses Buches sprengen, hier im Detail alle diese speziellen Fragen und Hintergründe zu dokumentieren.

Ähnlich wie bei den Fragen an Bewerberinnen liegen jeweils bestimmte Themen an. Bei Arbeitslosen kommt sicherlich die Frage nach dem Grund der Arbeitslosigkeit und wie man bisher damit umgegangen ist (insbesondere Weiterbildungsaspekte berührend). Von ähnlichem Kaliber sind die Fragen an Wiedereinsteiger (meistens Frauen), und ältere Arbeitnehmer müssen sich mit der Leistungsthematik und entsprechenden Vorurteilen offensiv auseinandersetzen. Für diese Personenkreise haben wir spezielle Bewerbungsstrategie-Bücher verfaßt, die sich ausführlich mit der jeweiligen Problematik beschäftigen (s. Hinweise S. 224).

Geldfragen – die erfolgreiche Gehaltsverhandlung

Bestandteil eines Bewerbungsgespräches ist natürlich auch die Gehaltsverhandlung. Wie schon angedeutet, sollten Sie das Thema Geld nicht zu früh ansprechen. Unter Umständen wird es erst in einem zweiten Auswahlgespräch verhandelt.

Sicherlich ist es nicht ganz leicht für Sie, den Wert Ihrer Arbeitskraft realistisch einzuschätzen, wenn Sie z. B. als Bewerberin nach einer längeren Familien»pause« wieder in den Beruf einsteigen.

Als WiedereinsteigerIn sollten Sie sich Informationen über die aktuellen Tarifgehälter und Sonderleistungen von den jeweiligen Gewerkschaften, Industrie- und Handelskammern, Verbänden oder Interessengemeinschaften besorgen.

10 bis 20% mehr

Wenn Sie Ihre Stelle wechseln möchten, haben Sie es einfacher: etwa 10 bis maximal 20% mehr als Ihr derzeitiges Gehalt sollten Sie von Ihrem neuen Arbeitgeber verlangen. Begehen Sie dabei nicht den Fehler, bei der konkreten Nachfrage nach Ihrem aktuellen Gehalt zu sehr zu mogeln – Personalchefs wissen in der Regel, was woanders gezahlt wird (s.S. 136 das Recht auf Lüge).

Es zählt das Jahresgehalt

Und: Verhandeln Sie immer über das Jahresgehalt, und verdeutlichen Sie sich, bevor Sie in die Verhandlung gehen, durch eine präzise Aufstellung sämtlicher Neben- und Sonderleistungen, wie sich Ihr Gehalt in ihrer alten Firma zusammengesetzt hat. Nur so können Sie wirklich einen genauen Vergleich anstellen und sich entsprechend finanziell verbessern.

Gerade Frauen fällt es oft schwer, über ihr Gehalt und den Wert ihrer Arbeitskraft zu sprechen. Stärken Sie Ihr Selbstbewußtsein, und machen Sie sich vor der Verhandlung ganz klar, daß Sie nichts zu verschenken haben und daß Sie sich keinen Gefallen tun, wenn Sie zu große finanzielle Zugeständnisse machen.

Sehr häufig sind Frauen auch von dem Gedanken beherrscht, daß ihre Arbeitskraft weniger wert ist als die von Männern, weil sie vermeintlich weniger Energien in das Unternehmen einbringen können, da sie eine Menge Kraft für ihre Familie aufwenden müssen. Befreien Sie sich von dieser Vorstellung! Erstens ist Ihre Familienarbeit von unschätzbarem Wert für die Gesellschaft und sollte nicht durch schlechte Entlohnung gleichzeitiger Erwerbsarbeit auch noch abgestraft werden, und zweitens gibt es keine Beweise dafür, daß Frauen mit Kindern in ihrem Beruf weniger leistungsfähig sind als Frauen ohne familiäre Verpflichtungen.

Und drittens: Bei etwas mehr Gehalt können Sie sich für zu Hause professionelle Unterstützung leisten.

Große Gehaltssteigerungen

»Wie hoch ist denn Ihr jetziges Einkommen?« fragt der Personalchef den Bewerber nach etwa 45 Minuten Gesprächsdauer. Dieser hatte sich auf das Stellenangebot eines Hochbaukonzerns beworben. Gesucht wurde ein Bauingenieur mit spezieller Erfahrung im Brückenbau. Im Anzeigentext wurden als Jahresanfangsgehalt 90.000 DM angeboten. Nicht zu Unrecht befürchtet der Bewerber, daß bei Nennung seines jetzigen Gehalts – von knapp 60.000 DM, also gut 1/3 weniger als das Angebot dieses potentiellen Arbeitgebers – Zweifel an ihm als Kandidaten für die neue gehobene Position auftauchen würden.

Die 60.000 DM Jahresgehalt waren für den Bewerber dann auch mit ein wichtiger Grund, sich nach einer neuen, besser bezahlten Position umzuschauen. Damals, vor dreieinhalb Jahren, noch quasi als Berufsanfänger, ein Jahr nach dem Hochschulabschluß, schien ihm die Bezahlung nicht so wichtig. Insbesondere das Aufgabengebiet bei der jetzigen Firma fand er seinerzeit attraktiv und den Einstieg wert.

Aufgrund verschiedener Einflüsse und Entwicklungen war für ihn jetzt der Zeitpunkt gekommen, sich nach einer neuen Position in einem anderen Unternehmen umzusehen. Dem Bewerber war klar, daß er sich mit der Frage auseinanderzusetzen hatte, wieso er bisher für lediglich 60.000 DM Jahresgehalt (auch abgekürzt mit p.a. = pro anno) gearbeitet habe. Er befürchtete nicht ohne Grund, daß die Konsequenz daraus bedeuten könnte, mit etwa 75.000 DM bei einem Wechsel »eingekauft« zu werden. 90.000 DM lagen also sehr deutlich über dem, was neue Arbeitgeber in der Regel in Relation zum vorherigen Gehalt zu zahlen bereit sind.

»Unzulässig ist ... die Frage nach der früheren Arbeitsvergütung (sie dient ja unter anderem dazu, eventuelle Lohnansprüche des Bewerbers zu dämpfen)«, so Eckehart Stevens Bartol, Richter am Bayerischen Landessozialgericht (vgl. S. 137).

Gehalts-Messung

Verrate mir dein Jahreseinkommen, und ich sage dir, was du wert bist. Nicht selten versucht der potentielle Arbeitgeber, durch direktes Erfragen das aktuelle Gehalt, die Jahresbezüge des Bewerbers in Erfahrung zu bringen. Hintergrund ist die Überlegung, daß ein Kandidat mit bisher 60.000 DM Jahreseinkommen nicht unbedingt auf einen Schlag einen so großen Gehaltssprung zu machen braucht, um jetzt 90.000 DM im Jahr zu verdienen.

Dieser Kandidat – so der Gedankengang – wäre wahrscheinlich auch mit einer Steigerung auf 75–80.000 DM zufrieden und damit für den Arbeitgeber »preisgünstiger« als ein anderer Bewerber. Aus diesem Grund findet sich bei Stellenangeboten häufig der Hinweis, man möge sich in seinem Bewerbungsschreiben auch zu seinen »Gehaltsvorstellungen« äußern.

Gehaltsabstieg noch erklärungsbedürftiger

Aber nicht nur bei einer größeren Differenz zwischen dem aktuellen Gehalt des Bewerbers und einer deutlichen Gehaltsverbesserung bei einer neuen Position gibt es Probleme, sondern besonders im umgekehrten Fall: Wenn also ein Bewerber gegenwärtig z. B. 70.000 DM im Jahr verdient, sich nun aber, aus welchem Grund auch immer, neu orientieren möchte und sich auf ein Stellenangebot meldet, das pro Jahr 60.000 DM in Aussicht stellt, also 10.000 DM weniger, tauchen ganz besondere Probleme auf.

Der potentielle Arbeitgeber wird sich über diesen freiwilligen Gehaltsverzicht wundern und den Bewerber möglicherweise nicht in die engere Wahl ziehen, da er davon ausgeht, daß bei einer Gehaltsverschlechterung die Motivation des Arbeitnehmers zu wünschen übriglassen könnte.

Nun mag es sowohl für den Arbeitnehmer wie auch für den Arbeitgeber gute Gründe geben, die diese Annahme bestätigen. Verallgemeinern sollte man sie jedoch besser nicht. Sind Sie als Arbeitnehmer in der schwierigen Situation, wechseln zu wollen, und bereit, auch einen gewissen Gehaltsabschlag dafür in Kauf zu nehmen, gehen Sie davon aus, daß man Ihnen mit Mißtrauen begegnet. Ein sogenannter Gehaltsabstieg ist unbedingt erklärungsbedürftig.

Nicht zu genau antworten

Es gibt also gute Gründe, einem potentiellen neuen Arbeitgeber sein derzeitiges Gehalt nicht sofort und ganz detailliert zu offenbaren.

»Wie hoch ist Ihr Einkommen zur Zeit?« fragt der Personalchef den Bewerber.

»Ich kann mir gut vorstellen, mit den von Ihnen im Inserat angeboten 90.000 DM p.a. zunächst auszukommen«, antwortet der Bewerber.

»Wie darf ich das verstehen, wie meinen Sie das?« fragt der Personalchef, der das »zunächst« nicht überhört hat.

»Wenn ich gesagt habe ›zunächst‹, dann gehe ich davon aus, daß sich im Laufe der Zeit vielleicht Gehaltserhöhungen ergeben werden.«

»Aber sicher doch, selbstverständlich«, bemerkt der Personalchef, »wenn Sie die Leistung bringen« und setzt noch einmal nach: »Wie sieht denn Ihr aktuelles Monatseinkommen aus?«

»Nun also, meine Jahresbezüge bei meinem jetzigen Arbeitgeber unterscheiden sich schon etwas von dem, was Sie in Ihrem Angebot benannt haben. Gibt es bei Ihnen im Hause bereits Vorstellungen, wann Sie bereit wären, über eine Gehaltsverbesserung – z. B. im Anschluß an die Einarbeitungszeit – nachzudenken?«

Wieder ist der Personalchef beschäftigt und hoffentlich abgelenkt. Es ist nicht unwahrscheinlich, daß es dem Bewerber auf diese Weise gelingen könnte, das Gespräch von der Frage nach seinen aktuellen Bezügen wegzuführen, ohne sich offenbart zu haben bzw. kraß lügen zu müssen.

Damit soll aufgezeigt werden, daß es durchaus ohne größere Schwierigkeiten gelingen kann, sich beim Thema »aktuelles Gehalt« in Relation zum potentiellen neuen Gehalt nicht sofort in alle Karten schauen zu lassen.

Natürlich kann man sich als Bewerber auf die direkte Frage nach den aktuellen Bezügen nur sehr schlecht verweigern, sozusagen hier den »stummen Fisch« markieren. Andererseits sitzt Ihnen weder ein Finanzbeamter der Steuerfahndung gegenüber noch Ihr Steuerberater, so daß Sie sehr wohl etwas großzügiger und weniger präzise auf- bzw. abrunden können und ggf. auf weitere Vergünstigungen, Sozialleistungen besonderer Art, Extras usw. hinweisen dürfen oder diese überschlägig mit einrechnen können, um den Jahreseinkommensbetrag schön gerundet zu präsentieren.

»Ich erwarte im Jahr mindestens 90.000 DM«, wäre auch eine Antwortmöglichkeit auf die Frage nach den konkreten Jahresbezügen.

Angemessene Steigerung

Es liegt auf der Hand, daß ein Arbeitnehmer, der seinen Arbeitsplatz wechseln möchte, damit die Hoffnung verbindet, auch sein Einkommen zu verbessern. Insbesondere bei einer stärker ausgeprägten Karriereorientierung ist ein Wechsel, der sich auch auf die Bezüge auswirkt, die natürlichste Sache der Welt. Eine Verbesserung von etwa 15% ist dabei für den Um- bzw. Neueinstieg der Regelfall.

Sollten Sie dagegen bereit sein zu wechseln, und Ihr Gehalt würde sich um weniger als 10% verbessern, erzeugen Sie als Kandidat Mißtrauen (Hintergedanken: Was motiviert den Bewerber wirklich, welche Probleme hat er am jetzigen Arbeitsplatz, daß er für nur 5% mehr Gehalt bereit ist zu wechseln?).

Wer dagegen gleich zwei oder mehr Stufen auf einmal nehmen will und einen Wechsel anstrebt, der mehr als 20% einbringt, provoziert Überlegungen seines potentiellen neuen Arbeitgebers, ob er das Geld auch wirklich wert ist bzw. ob nicht etwas weniger auch ausreichend wäre. Dies wird dann schnell gerechtfertigt durch Argumente wie Alter, Erfahrung, Einarbeitungszeit u.ä. Auf jeden Fall lassen sich immer Gründe ins Feld führen, warum Sie nicht der richtige, der ideale Kandidat für diese Position sind. Oftmals finden diese Überlegungen bereits beim Bewerber selbst statt, der mit 60.000 DM Jahresgehalt vor Anzeigen zurückschreckt, die ihm 80.000 DM anbieten, obwohl der beschriebene Arbeitsplatz durchaus seiner Qualifikation entspricht. Hier verhindert die »Schere im eigenen Kopf« bereits bei vielen Bewerbern eine deutlichere Gehaltsweiterentwicklung.

Marktanalyse

Zur Vorbereitung auf das Bewerbungsverfahren gehört unbedingt eine Marktanalyse unter dem Aspekt »Was wird gezahlt – was ist meine Arbeitsleistung wert?«. Informationen dazu erhalten Sie bei Berufs- und Interessenverbänden, Gewerkschaften und in Wirtschaftszeitungen bzw. -zeitschriften (z. B. *Capital, Wirtschaftswoche, Handelsblatt,* die regelmäßig Übersichten abdrucken, was in den verschiedenen Branchen und Positionen verdient wird). Nun liegt es bei Ihnen, die eigenen Fähigkeiten, Ihren Erfahrungsschatz zu »taxieren« und ein Preismarketing für Ihre »Ware« Arbeitskraft vorzunehmen.

Ob Sie nach der Maxime handeln: Qualität ist kein Zufall und hat ihren Preis (»Es war schon immer etwas teurer, einen besonderen Geschmack zu haben . . . «), oder: Bescheidenheit ist eine Zier – bestimmen zunächst einmal Sie selbst. Erfahrungen zeigen: Wer sich als Bewerber eindeutig unter Wert anbietet, wird nicht geschätzt. Wer sich überschätzt, hat es sicher auch nicht leicht, aber es ist oftmals leichter, einen Kredit über 10 Millionen DM zu bekommen, als einen über 100.000 DM.

Übrigens: Mit Geld bis du ein Drache, ohne Geld ein Wurm (japanisches Sprichwort). Neben Liebe, Arbeit und Gesundheit gehört Geld in die Reihe der Hauptwörter des Lebens (mehr dazu in unserem Buch *VERDIENEN SIE SOVIEL, WIE SIE VERDIENEN?,* Frankfurt 1996).

Das Wichtigste zusammengefaßt

Der gelungene Auftakt und die Überleitung zur allumfassenden Bitte »Erzählen Sie etwas von sich« stellt Weichen für das Gespräch und damit für Ihre berufliche Zukunft. Warum Sie sich bewerben und warum Sie so sind, wie Sie sind und wie es dazu kam, sind das zentrale Fragemotiv. Es kennzeichnet die zehn Phasen des Vorstellungsgesprächs. Können Sie die zehn Fragethemen einzeln benennen? Auftakt und Abgang machen schon zwei aus. Die Kenntnis der jeweiligen Frage-Hintergründe und die Nutzung unserer Hinweise zur Entwicklung eigener Antwortstrategien helfen Ihnen, im Vorstellungsgespräch zu überzeugen.

Im Umgang mit Vorurteilen, mit denen Sie als Bewerberin rechnen müssen, sind Sie gewappnet, wenn Sie die einschlägigen Fragen elegant parieren.

Die erfolgreiche Gehaltsverhandlung basiert vor allem darauf, den eigenen Wert richtig einzuschätzen und ihn angemessen in Bezug zu setzen zu den Parametern Ausgangsgehalt und wirtschaftliches Umfeld.

Zusammengefaßt hier die wichtigsten 10 Fragen:

1. Erzählen Sie uns etwas über sich.
2. Warum bewerben Sie sich für diese Position?
3. Warum sind Sie der/die richtige Kandidat/in?
4. Was erwarten Sie für sich / von uns / dem Job?
5. Was sind Ihre Stärken/Schwächen?
6. Worauf sind Sie stolz, was sind Ihre Erfolge/Mißerfolge?
7. Was möchten Sie in 3/5/10 Jahren erreicht haben?
8. Warum haben Sie diesen Beruf gewählt?
9. Wo liegen Ihre Arbeitsschwerpunkte?
10. Wie verbringen Sie Ihre Freizeit?

Und dann noch die Frage:
Welche Fragen haben Sie an uns?

Gesprächspsychologie

Die Vergangenheit in der Gegenwart: Übertragung

In jeder zwischenmenschlichen Begegnung werden Gefühle ausgelöst. Manchmal auf den ersten Blick so starke, daß der weitere Verlauf der Begegnung davon beherrscht wird. Ob Liebe auf den sprichwörtlich »ersten Blick«, spontane abgrundtiefe Antipathie oder etwas irritierend Diffuses dazwischen – nicht immer ist es leicht, dafür eine Erklärung zu finden. Bisweilen kann es am Geschlecht, der sozialen Schicht, am Äußeren, an Funktion und Rolle der betreffenden Person festgemacht werden. Diese Faktoren beeinflussen entscheidend den Verlauf der weiteren Kommunikation.

Eine tiefergehende Erklärung für in Gesprächen spontan aufwallende Gefühle findet man in der Kindheit. Sie sind in einem fundamentalen psychologischen Phänomen begründet: der Übertragung. Wir alle neigen dazu, Gefühle, Wünsche, Einstellungen und Erwartungen, die wir damals als Kind gegenüber wichtigen Personen unserer unmittelbaren Umgebung hatten (primär bezogen auf die Eltern, aber auch Geschwister) unbewußt an Personen der Gegenwart zu wiederholen. Wir übertragen also auch im Vorstellungsgespräch – ohne diesen Mechanismus bewußt zu steuern – Gefühle und Wünsche aus der Vergangenheit auf den oder die Menschen, mit denen wir es in dieser Situation zu tun haben.

Während wir mit dem aktuellen Gesprächspartner sprechen, ist sozusagen eine weitere für uns bedeutsame Person aus der Vergangenheit imaginär anwesend, zu der wir gleichzeitig reden.

Altbekannte Konstellationen

So könnte z. B. unser eine Nuance zu verkrampft vorgetragenes Bemühen, den als relativ reserviert-kühl erlebten zukünftigen Chef im Vorstellungsgespräch von unseren Qualitäten zu überzeugen, etwas aus der Vergangenheit widerspiegeln: nämlich die kindliche Anstrengung, den stets skeptisch-distanzierten Vater zur Anerkennung unseres eigenen Wertes und unser eigenen Leistungen zu bringen.

Unsere emotionalen Erfahrungen aus der Vergangenheit mit dem Vater übertragen wir hier auf den neuen potentiellen Chef. Die Folge ist zum einen eine Wahrnehmungsverzerrung (der Chef erscheint wahrscheinlich kühler, als er in Wirklichkeit ist) und zum anderen eine unangemessene Verkrampfung im eigenen Auftreten.

Reaktivierung der Gefühle

Auch von seiten Ihrer Gesprächspartner kann es im Vorstellungsgespräch zu derartigen Übertragungsphänomenen kommen: Aus Sicht des männlichen Personalchefs könnte es z. B. in der Bewerbungssituation unbewußt und unabhängig vom Alter einer Bewerberin zu einer Wiederbelebung der Sohn-Mutter-Beziehung kommen, die – so die Erfahrung von Psychotherapeuten – in der Regel alles andere als problemlos verläuft. So wäre es z.B. denkbar, daß ein männlicher Gesprächspartner das unbewußte Bedürfnis hat, sich einer Bewerberin gegenüber so distanziert und abgrenzend zu verhalten, wie er das gegenüber seiner Mutter tat (bzw. gern getan hätte).

Hatte er in der Kindheit Probleme mit seiner Schwester oder hat er gerade jetzt Streit mit seiner Frau, kann es durchaus passieren, daß auch in diesem Fall die Bewerberin etwas abbekommt, was gar nicht ihr persönlich gilt.

Machen Sie sich noch einmal bewußt: In der Bewerbung als einer klassischen Prüfungssituation sind solche (hier nur kurz skizzierte) unbewußten Wiederholungen und Neuinszenierungen von früheren, »einschlägigen« Erfahrungen aus der Kindheit möglich. Dieses Übertragungsgeschehen funktioniert in allen denkbaren Richtungen und auf allen Ebenen, also von Bewerber zu Auswähler und umgekehrt, von Sohn zu Vater wie von Vater zu Sohn.

Klar, daß solche Überlegungen und das Bemühen, einmal unter diesen Aspekten tief in sich hineinzuhorchen, auch Raum in der mentalen Vorbereitung auf ein Vorstellungsgespräch einnehmen sollten.

Frage also: Welche Beziehungsmuster und Konstellationen aus der Kindheit könnten sich bei Ihnen in der Situation des Vorstellungsgespräches unbewußt wiederholen und damit das Gespräch auf einer emotionalen Ebene verkomplizieren?

Unter vielen Augen . . .

Halten wir noch einmal fest: Im Vorstellungsgespräch geht es dem potentiellen neuen Arbeitgeber primär darum, persönliche und anforderungsbezogene Eignungsmerkmale des Bewerbers festzustellen. Die bisherigen Informationen (Bewerbungsunterlagen/ggf. Testergebnisse) sollen ergänzt werden durch einen persönlichen Eindruck, den man von Ihnen als BewerberIn im Vorstellungsgespräch erhalten will.

Einzel- und Gruppengespräche

Bei Vorstellungsgesprächen ist zu unterscheiden zwischen Einzel- und Gruppengesprächen. Die Gesprächsdauer ist unterschiedlich und schwankt je nach zu bewältigender Bewerberanzahl und zu besetzender Position zwischen einer und bis zu mehreren (drei, vier) Stunden. Unter der klassischen Vorstellungsgesprächssituation stellt man sich ein Vier-Augen-Gespräch vor: (Personal-)Chef (oder in einer Vorstufe: Personalberater) und Bewerber sitzen sich gegenüber.

Möglich sind aber auch andere Konstellationen: Der einzelne Bewerber sitzt zwei oder mehr Personen gegenüber – einem Auswahlgremium (z. B. der Firmeninhaber und ein wichtiger leitender Angestellter, Personalberater, Personalchef und Abteilungsleiter, mehrere Personalreferenten und Betriebspsychologen, Betriebsratsmitglieder bis hin zu zukünftigen Kollegen und Untergebenen).

Ein großes Auswahlgremium

Ist es in der Bewerbungssituation vielleicht gerade noch erträglich, mit zwei Interviewern umgehen zu müssen (psychologisch gesehen: die klassische Vater-Mutter-Kind-Konstellation), wird eine Konfrontation mit einem Vierer- oder Mehrpersonengremium schnell ungemütlich.

Möglicherweise fällt Ihnen z. B. bald auf, daß bei einem aus drei

Personen bestehenden Auswahlgremium ein Gesprächspartner Sie besonders freundlich behandelt, ein weiterer recht »böse« mit Ihnen umgeht und der dritte Sie ständig beobachtet, Notizen macht und ansonsten schweigt. Diese Rollenverteilung ist kein Zufall. Sie ist sorgfältig vorbereitet und abgesprochen. Hier will man Ihnen ganz besonders »auf den Zahn fühlen«. Bleiben Sie trotzdem ruhig und gelassen, und versuchen Sie, möglichst zu allen – besonders zu dem freundlichen Gesprächspartner – einen guten Kontakt aufzubauen (Blickkontakt, namentlich ansprechen, lächeln).

Schwierig wird es, wenn Sie als einzelner mit mehr als fünf Personen konfrontiert sind. Glauben Sie uns: zehn bis zwanzig Personen als glotzende, fragende und zuhörende Meute sind in Vorstellungsgesprächen nicht so selten, wie man es sich wünscht. Im psycho-sozialen Bereich beispielsweise hat häufig das gesamte Team bei der Bewerberauswahl ein Wörtchen mitzusprechen.

Mehrere Bewerber gleichzeitig

Denkbar – wenn auch zunehmend seltener praktiziert – ist eine andere Konstellation, bei der mehrere Bewerber einem Auswahlgremium gegenübersitzen. Das können z. B. drei Kandidaten sein, die drei Interviewer vor sich haben, es können aber auch zehn und mehr Bewerber sein, gegenüber fünf oder sechs Auswählern (z. B. bei einem Assessment-Center, s. Hinweis S. 224).

Team- und Konkurrenzverhalten

Sollten Sie das Pech haben, in einer größeren Bewerbergruppe antreten zu müssen, bietet Ihnen das u.U. den Vorteil, von der Präsentationstechnik Ihrer Mitbewerber zu profitieren. In der Regel beginnt so ein Gruppengespräch mit der »freundlichen« Aufforderung, jeder möge sich zunächst einmal kurz vorstellen. Manchmal wird an die Vorstellung eine zusätzliche Aufforderung geknüpft (z. B.: »Stellen Sie sich bitte kurz vor, und erzählen Sie uns, warum Sie sich hier beworben haben.«).

Hintergrund dieser Gruppenvorstellungsrunde ist der Wunsch, die Bewerber direkt miteinander zu vergleichen, sie in eine gewisse Konkurrenzsituation untereinander zu versetzen, um dadurch besondere Informationen über den einzelnen zu bekommen. Im wesentlichen geht es um das Sozialverhalten, die soziale Kompetenz.

Vergleichbarkeit

Ein anderer Aspekt auf Unternehmensseite ist die Ökonomie: Aus einer Gruppe werden relativ schnell die Wunschkandidaten (drei bis fünf) »herausgesiebt«. Insbesondere bei Vorstellungsgesprächen im Rahmen eines firmen- bzw. institutionsinternen Aufstiegsverfahrens werden Gruppenauswahlgespräche wie eben beschrieben sehr häufig angewandt.

Wer als Bewerber in einem derartigen Gruppengespräch z. B. bei der Vorstellung den Anfang macht, oder »Schlußlicht« ist, hat es deutlich schwerer als die anderen. Die Positionen im ersten oder letzten Drittel bieten bessere Chancen. Am Anfang ist die Aufnahme- und Zuhörbereitschaft des Auswahlgremiums höher. Gegen Ende hat man die Chance, durch einen Beitrag, der sich von den bisherigen angenehm unterscheidet (was sicherlich nicht leicht ist!), Aufmerksamkeit und Kurzzeitgedächtnis der Auswähler zu erobern.

Für die Unglücklichen, die die Rolle des »Alpha«- oder »Omega-Huhnes« wahrnehmen müssen, gilt unsere Empfehlung: Sprechen Sie das Problem der Anfangs- bzw. Endposition humorvoll an (»Einer muß ja den Anfang machen, ich will mich nicht in den Vordergrund drängen, aber . . . « / »Den letzten beißen die Hunde, aber einer muß ja das Schlußlicht bilden . . .«). Wenn es Ihnen gelingt, Schmunzler oder sogar Lacher auf sich zu ziehen, sammeln Sie Pluspunkte.

Während der Gruppen-Vorstellung können Sie wahrscheinlich den Versuch verschiedener Bewerber beobachten, sich deutlich in den Vordergrund zu spielen, um sich zu profilieren. Sich geschickt in Szene zu setzen, ist eine Kunst, die nur wenige Bewerber beherrschen. Es ist nicht unbedingt von Nachteil, hier eher eine gewisse Zurückhaltung an den Tag zu legen, ohne allerdings in das andere Extrem des »stummen Fisches« zu verfallen.

Der Auswählergruppe geht es unter anderem darum, die soziale Interaktion, das Miteinander-Umgehen der Bewerber zu beobachten. Hieraus werden verschiedene Rückschlüsse gezogen, z.B. auf Teamfähigkeit, Durchsetzungsvermögen, Anpassungsbereitschaft usw.

Frage- und Antworttechniken

In diesem Abschnitt wollen wir auf eine ganz wichtige Hintergrundthematik im Vorstellungsgespräch eingehen: der Technik, Fragen als Bewerber geschickt zu beantworten.

Wie ein Vorstellungsgespräch abläuft, können Sie zwar nicht allein bestimmen, aber doch ganz wesentlich durch Antworten, Bemerkungen und Fragen steuern. Dabei ist zunächst die Information wichtig, wieviel Zeit für Ihr Vorstellungsgespräch vorgesehen ist.

Ob Sie 20 Minuten oder zwei Stunden für Ihren »Auftritt« haben, macht einen wesentlichen Unterschied in der Gestaltung, in der von Ihnen zu wählenden Inszenierung bzw. Dramaturgie.

Generell gilt: Führen Sie das Gespräch defensiv. Sie sind der Bewerber, der die meisten Fragen zu beantworten hat. Versuchen Sie nicht, die Rollen umzukehren und z. B. immer wieder mit Gegenfragen zu kontern.

Da Sie gut vorbereitet sind, können Sie auf die wichtigsten Fragen (s. Fragenkatalog S. 139 ff.) überzeugend und relativ knapp, aber gut formuliert antworten. Dies geschieht immer in Relation zu der Zeit, die Ihnen zur Verfügung steht, bedeutet jedoch nicht, daß Sie ständig reden bzw. Auskunft geben müssen.

Meist spricht der Interviewer

Bis zu etwa 80% der Gesamtzeit – so zeigen erstaunlicherweise entsprechende wissenschaftliche Untersuchungen – verbringen Sie im Vorstellungsgespräch mit Zuhören, d.h. Ihr Gegenüber spricht. 80 % Interviewer-Redezeit sind zwar nicht überall die Regel, dennoch: Lassen Sie Ihren Gesprächspartner reden, und hören Sie aufmerksam zu. Wenn es Ihnen zudem noch gelingen sollte, einige verständnisvolle, kurze Zwischenbemerkungen zu machen oder bestätigend zu nicken, haben Sie möglicherweise schon gewonnen. Ihr Gegenüber wird sich vielleicht endlich mal wieder tief verstanden fühlen und Ihnen das mit entsprechenden Sympathiepunkten honorieren.

Diese Technik der positiven Verstärkung von sprechenden Personen ist sehr gut bei Fernsehjournalisten zu beobachten, die ihre

Interviewpartner durch beständiges, zustimmendes Kopfnicken ermuntern, in ihrem Redefluß fortzufahren, mag der Inhalt auch noch so fragwürdig sein . . .

Redezeitverteilung

Es kann aber auch kraß umgekehrt ablaufen, weil man Sie, den Bewerber, zum Sprechen, Erzählen, ja Schwadronieren bringen will. In so einem Fall haben Sie es sehr wahrscheinlich mit einem Vollprofi zu tun, der wirklich nur 10% des Vorstellungsgesprächs bestreitet und Ihnen die restlichen 90% aufbürden möchte.

Eine beliebte Gesprächstechnik beinhaltet dabei den Einsatz sogenannter offener Fragen. Klassisches Beispiel:

- **Wir wollen Sie gern kennenlernen. Erzählen Sie uns doch bitte mal etwas über sich.**

Unter Rhetorikfachleuten gilt die Frage als Königin der Dialektik. Und in der Tat: Gute Fragen zu stellen ist weitaus schwieriger, als sie zu beantworten. Mit Fragen kann man ein Gespräch hervorragend lenken. Besonderer Beliebtheit erfreut sich da die »offene Frage«. Sie erlaubt dem Gefragten nicht, einfach mit Ja oder Nein zu antworten wie bei der »geschlossenen Frage«, sondern provoziert längere Antwortsätze, eine ausführlichere verbale Darstellung. Genau darauf kommt es dem Frager an, denn je mehr sein Gegenüber spricht und vielleicht unwillkürlich seinen freien Assoziationen folgt, desto mehr an Information erhofft sich der Interviewer.

An einigen Beispielen können wir uns das gut verdeutlichen:

Die »geschlossene« Interviewerfrage:
»Hatten Sie an Ihrem letzten Arbeitsplatz persönliche Schwierigkeiten?« ist heikel (Fragehintergrund: Bewerbermotive Arbeitsplatzwechsel, Hypothese: schwieriger Mensch), würde aber den Bewerber schnell mit Nein (ggf. »Nein, keine«) antworten lassen, und schon wieder wäre der »Ball« zurückgespielt, und der Interviewer müßte eine neue Frage stellen. »Mit welchen persönlichen Schwierigkeiten mußten Sie sich an Ihrem letzten Arbeitsplatz

auseinandersetzen?« hat den gleichen Fragehintergrund, ist jetzt aber als »offene« Frage gestellt. Kein Mensch könnte hier nur mit einem schlichten Nein antworten.

Diese Frage provoziert mehrere Antwortsätze, ganze Erklärungen, und schnell verfängt sich der Bewerber in Rechtfertigungen, Entschuldigungen, ja sogar Anklagen, wer ihm beim letzten Arbeitsplatz »Steine in den Weg« gelegt habe.

Daß diese Informationen von höchster Wichtigkeit für einen neuen Arbeitgeber sind, liegt ebenso an der Hand wie die Tatsache, daß sie aus Bewerbersicht nicht in das Vorstellungsgespräch hineingehören.

Hier kann es dem Interviewer mittels der offenen Fragetechnik erfolgreich gelingen, beim Bewerber eine Barriere zu durchbrechen. Der Befragte wird sich möglicherweise hinreißen lassen, mehr zu erzählen, als er ursprünglich wollte, u. U. mehr, als für ihn gut ist . . .

Nicht zu ausführlich antworten

Wenn diese Fragetechnik professionell angewandt wird, der so Befragte Raum und Zeit hat, ausführlich zu berichten, und der Interviewer zusätzlich die Ausführungen des Bewerbers gelegentlich durch eine freundliche Miene, Kopfnicken und zustimmendes »Mmh« oder »ja, sehr interessant« begleitet, können in der Regel optimale Informationsgewinne erzielt werden. Gewinner ist dabei der Frager, Verlierer muß nicht der Befragte sein, es kommt darauf an, was er von bzw. über sich preisgibt.

Noch effektiver präsentiert man als Interviewer die eingangs formulierte Frage nach den persönlichen Schwierigkeiten am letzten Arbeitplatz so:

»Wie haben Sie es erfolgreich geschafft, persönliche Schwierigkeiten, die man Ihnen am letzten Arbeitplatz gemacht hat, gut zu überwinden?«

Zunächst: Wer wüßte nicht als Arbeitnehmer von solchen Problemen ein »Lied zu singen«? Trotzdem ahnen Sie ja bereits, wie heikel diese Frage ist.

Durch die gut vorgetragene und positiv verpackte wohlwollend klingende Frage werden sich zwei Drittel der Bewerber verführen lassen, Dinge zu erzählen, die hier im Vorstellungsgespräch mit einem potentiellen neuen Arbeitgeber eigentlich auf keinen Fall erwähnt werden sollten. Das hängt natürlich auch mit der besonderen Drucksituation zusammen, die in einem solchen Gespräch nun einmal besteht.

Nicht verführen lassen

Die eben beschriebene Fragetechnik stellt einen durchaus kritischen Sachverhalt (persönliche Schwierigkeiten) in den Hintergrund und »verkauft« deren erfolgreiche Überwindung dem Gefragten schmeichelhaft als gute Gelegenheit, sich selbst darzustellen. Auf diese Art von »Verführung« fallen viele Bewerber herein. Der Verschiebung der Aufmerksamkeit auf einen weniger heiklen »Nebenkriegsschauplatz« – in diesem Fall auch noch positiv verpackt (Durchsetzungsvermögen) – ist sicherlich nicht leicht zu widerstehen.

Entscheidend bleibt aber trotz aller Fragen und gesprächstechnischer Raffinessen, was Sie von sich und über Ihre Arbeit erzählen, was Sie preisgeben wollen. Das bedarf natürlich einer intensiven Vorbereitung und Reflexion.

Zur Problematik der »heiklen Fragen« finden Sie noch ausführliche Hinweise in nachfolgenden Kapiteln (ab S. 196): Umgang mit unangenehmen Einwänden gegenüber Ihrer Person, dem sogenannten Streß-Interview und juristisch unzulässigen Fragen, die man Ihnen zumuten könnte.

Kommen wir jetzt aber zu der ersten großen offenen Aufforderungsfrage zurück:

- **Wir wollen Sie gern kennenlernen. Erzählen Sie uns doch bitte mal etwas über sich.**

Bloß keinen seelischen Striptease

Dieser so nett und harmlos vorgetragenen Bitte wird sich der Bewerber kaum entziehen können oder sogar wollen und ggf. weit ausholen. Wer hier jedoch bei Adam und Eva, seiner frühesten Kindheit, Schul- und Ausbildungszeit etc. anfängt, um vielleicht nach 15 Minuten bei Höhepunkten seiner beruflichen Laufbahn angekommen zu sein und dann noch willig sein Privat- und Familienleben offenbart, führt (nicht nur) eine Art »seelischen Striptease« mit in der Regel verheerenden Auswirkungen vor, sondern langweilt »tödlich«, demonstriert, Wesentliches vom Unwesentlichen nicht unterscheiden zu können etc.

Andere offene Fragen, z. B.

- **Was ist wichtig in Ihrem Leben?**

Beruf steht immer im Mittelpunkt

sind immer in Bezug auf den angestrebten Arbeitsplatz mit seinen spezifischen Aufgaben zu beantworten und nicht etwa Gelegenheit, in epischer Breite Einblick in die Privatsphäre zu geben (obwohl dies durchaus Ziel der Frage, Wunsch des Fragestellers sein kann).

Was glauben Sie, macht es für einen Eindruck, wenn Sie als Bewerber auf diese Aufforderung hin anfangen, von Ihren Surferlebnissen bei Windstärke 6 auf dem Steinhuder Meer zu schwärmen, oder wenn Sie in Angelabenteuern an der Leine schwelgen?

Höflichkeit, Freundlichkeit, Blickkontakt, Bemühtheit und Interesse tragen wesentlich dazu bei, die Sympathiegefühle Ihres Gegenübers zu mobilisieren. Verlieren Sie aber beim Sprechen nicht die Kontrolle über den Rest Ihrer Person: Wer mit der Hand vor dem Mund spricht, kann sich nur schwer verständlich machen, und wer sich alle Augenblicke mit derselben nervös durchs Haar fährt, überzeugt nicht (und hat später vielleicht sogar fettige Hände).

Auch wenn wir hier nicht weiter auf die Signale des Körpers eingehen, ist es bereits jetzt erwähnenswert, daß viele Personalchefs meinen, aus der Körpersprache Rückschlüsse auf die Persönlichkeit ziehen zu können (s. S. 207).

Nur soviel: Die Körpersprache beeinflußt ebenfalls das Gespräch, und wenn Ihr Gegenüber bereits zum zweiten Mal gähnt, könnte dies ja vielleicht an Ihrem langatmigen »Vortrag« liegen.

Lassen Sie sich durch nichts provozieren, fragen Sie zurück, ob

Sie eine Frage, die Ihnen merkwürdig vorkommt, richtig verstanden haben, und reagieren Sie mit Gelassenheit. Möglicherweise will man ja genau das herausbekommen, nämlich *wie* Sie reagieren, wenn man Sie persönlich angreift, kritisiert und/oder hinterfragt.

Gelassenheit

Wittern Sie aber andererseits nicht gleich hinter jeder Frage eine Falle. Es geht schließlich darum, Sie kennenzulernen – und wer möchte nicht gerne wissen, mit wem er es zu tun hat.

Tratsch und Klatsch unerwünscht

Und noch etwas sehr Wichtiges: Sprechen Sie nie schlecht über andere Menschen (z. B. frühere oder heutige Vorgesetzte, Kollegen, Mitarbeiter etc.), auch wenn Sie wirklich allen Grund dazu hätten. Hier geht es um die Überprüfung Ihrer Loyalität, und ein »Plaudern aus dem Nähkästchen« wird kein potentieller Arbeitgeber in dieser Situation honorieren.

Worauf es wirklich ankommt

Auf den Punkt gebracht: Was sind die Essentials bei der Beantwortung der Fragen im Vorstellungsgespräch?

- Seien Sie gut vorbereitet
- Hören Sie aufmerksam zu
- Erkennen Sie den Fragehintergrund, die zugrundeliegende Intention
- Nehmen Sie sich Zeit zum Überlegen
- Fragen Sie ggf. nach, ob Sie richtig verstanden haben (auch dadurch gewinnen Sie Antwortvorbereitungszeit und wissen besser, »wohin der Hase läuft«)
- Überlegen Sie kurz vorher, was Sie mit der Beantwortung sagen und erreichen wollen, was Ihr Ziel ist
- Was spricht für Sie, was evtl. gegen Sie?
- Welche Beweise können Sie anbieten?
- Wie begegnen Sie evtl. Einwänden?

Hoffentlich haben Sie Ihre Vorbereitung mit der Analyse der vier Fragen: Was für ein Mensch bin ich, was kann, was will ich, und was ist möglich, ausreichend genug vorangetrieben. Dann kennen Sie Ihre Ziele.

Über den Fragehintergrund sind Sie nach der intensiven Durcharbeitung unseres Vorstellungs-Fragenkatalogs gut informiert. Sie wissen, was Sie sagen wollen, besonders aber, was nicht.

Zeitgewinn

Erarbeiten Sie sich Techniken, die Ihnen bei schwierigen Fragen (s. Aufstellung S. 205f.) Zeitgewinn ermöglichen. Zum Beispiel bei der Frage des Interviewers:

»Was machen Sie, wenn wir in der Probezeit feststellen, uns in Ihnen getäuscht zu haben?«

(Eine nicht ganz leichte Frage, warten Sie einige Sekunden, vermitteln Sie den Eindruck, nachzudenken.)

»Mmh . . . , habe ich Sie richtig verstanden? Sie wollen von mir wissen, wie ich in dem Fall . . ., also wenn Sie sich für mich entschieden haben . . ., wie ich mit dem Problem umgehe, in der Probezeit nicht Ihre Erwartungen erfüllt zu haben . . . «

Sehr wahrscheinlich wird der Interviewer jetzt wieder das Wort ergreifen und – je nachdem, ob er mehr oder weniger Profi ist – seine Frage kürzer oder länger wiederholen. Nicht selten sogar bis hin zu sehr ausführlichen, mit deutlichen Hinweisen versehenen Aspekten, die Ihnen seine Frageintention verdeutlichen. Z.B. mit dem Zusatz, ob Sie daran denken würden, wieder zu Ihrer alten Firma zurückzugehen. – Nun wissen Sie, worum es geht und können gezielt darauf eingehen.

Sicherlich hätten Sie auch so reagieren können:

»Das ist eine interessante Frage . . . «

»Über diese Frage muß ich erst mal nachdenken . . . «

»Zugegeben, mit dieser Frage habe ich mich noch nie beschäftigt . . . Ist das jetzt sehr wichtig . . . ? Hängt davon . . . ab?«

Sie könnten aber auch auf eine allgemeinere Ebene ausweichen:

»In dieser Situation würden wohl viele Menschen so und so reagieren. Was meinen Sie? Würden Sie meine Einschätzung teilen . . . ?«

»Interessant! Ist so etwas bei Ihnen im Unternehmen in der letzten Zeit vorgekommen . . . ?«

Wie und was Sie auch immer in dieser Situation antworten würden, die Beispiele sollen Ihnen zeigen, wie man sogar mit schwierigen Fragen ganz gut fertigwerden kann.

Richtig argumentieren – ein kleiner Rhetorikkurs

Nun ist es nicht Anliegen dieses Buches, einen Lehrgang in Rhetorik zu ersetzen. Aber vielleicht wecken wir ja bei Ihnen ein spezifisches Interesse an dieser Thematik, und so wollen wir gleich noch etwas zur sogenannten Fünfsatz-Technik sagen.

Vorab aber die Basisstrategie, die im Vorstellungsgespräch bei wechselseitigem Frage- und Antwort-»spiel« zum Erfolg führt:

- Sympathie, Vertrauen und Glaubwürdigkeit herstellen
- Informationsdefizite abbauen
- Übereinstimmungen deutlich werden lassen
- Ihre Person und Ihren Standpunkt überzeugend vertreten
- den Gesprächspartner zur gewünschten Handlung veranlassen (in diesem Fall Ihre Einstellung, in einem anderen z. B. eine Gehaltserhöhung).

Bedenken ausräumen

Auch wenn man Sie nicht gleich mit unangenehmen Fragen konfrontiert: Auf der Arbeitgeberseite bestehen in der Regel immer Bedenken, Vorurteile und Zweifel, mit denen Sie als Bewerber rechnen müssen. Wie gehen Sie damit um?

Hier bietet die Fünfsatz-Argumentation ein gutes gedankliches Rüstzeug, nützliche praktische Hilfe und Orientierung. Sie leistet hervorragende Dienste, wenn Sie Ihre Statements situativ und hörerbezogen vortragen.

1. Benennen Sie klar und kurz Ihren Standpunkt:
   »Ich bin davon überzeugt, für die Aufgabe der richtige Kandidat zu sein.«
2. Präsentieren Sie Ihre Argumente:
   »Meine Qualitäten für diese Position sind . . . « (Fähigkeiten, Kenntnisse, Erfahrungen . . .)
3. Untermauern Sie dies durch Beispiele, Beweise:
   »Ich habe mit Erfolg z. B. . . . gemacht. Als Nachweis für . . . kann ich anführen . . . « usw.
4. Begegnen Sie möglichen Einwänden bzw. kommen Sie ihnen zuvor:
   »Sie werden jetzt denken . . . Ich aber versichere Ihnen . . . «
5. Ziehen Sie das Fazit:
   »Aus diesen Gründen (1 . . . , 2 . . . , 3 . . .) traue ich mir die Aufgabe zu und werde sie bestimmt erfolgreich bewältigen.«

Beachten Sie bei dieser Vorgehensweise,
- daß Sie Ihre Munition (Argumente) nicht zu früh »verschießen«
- daß bei mehreren Argumenten das beste am Schluß, das zweitbeste am Anfang stehen sollte
- daß sich Ihr Gegenüber auf das schwächste Argumentationsglied Ihrer Kette konzentrieren wird.

Es zählt das Wie

Nehmen Sie die Chance war, dabei wirkungsvoll zu überzeugen. Das muß nicht bedeuten, den anderen »totzureden«. *Wie* Sie mit Einwänden umgehen, ist oftmals wichtiger und bringt mehr Sympathiepunkte als der vermeintliche argumentative Sieg. Begreifen Sie also den vorgebrachten Einwand immer auch als Wunsch nach Verständnishilfe, und unterstützen Sie das Orientierungbedürfnis Ihres Gesprächspartners.

Wie Sie Einwänden begegnen

Standardtechniken der Rhetorik sind die bedingte Zustimmung, die Umformulierungsmethode, die Verzögerungstechnik und die Vorteil-Nachteil-Methode.

Die bedingte Zustimmung: Darunter versteht man das Herausgreifen eines Teilaspektes des vorgebrachten Einwandes, dem man aus taktischen Erwägungen (bedingt) zustimmt, um daraufhin seinen eigenen Standpunkt um so besser zu präsentieren. Im Anschluß daran relativiert man den vorgebrachten Einwand nun insgesamt und . . . gewinnt.

Beispiel: Der Interviewer wendet ein, Sie seien für die verantwortungsvolle Position vielleicht doch noch ein bißchen zu jung.

»Das ist ein wichtiger Punkt, den Sie da ansprechen. Sie haben recht. Ich bin XX Jahre alt. Sollte man aber die Vergabe dieser wichtigen Aufgabe alleine vom Alter des Bewerbers abhängig machen . . .?«

»Nein, das sicherlich nicht . . . «, wird die Antwort lauten . . .

»Sehen Sie . . . , ich bin ganz Ihrer Meinung. Es gibt da andere, wichtigere Kriterien, die . . . Wir sind uns also darin einig, daß . . . viel größere Bedeutung hat.«

Die Umformulierungsmethode: Hierbei wird der Einwand durch eine (tendenziöse) Umformulierung weitestgehend entschärft.

»Wenn ich Sie richtig verstanden habe . . . , kommt es Ihnen auf die Erfahrung und – sagen wir mal – Reife an, die für die zu besetzende Position mit eine wichtige Rolle spielen sollte . . . «

Jetzt können Sie wieder mit Ihren Erfahrungen argumentieren, andere Kriterien in den Vordergrund rücken, als wichtig herausstreichen etc.

Zeit gewinnen

Die Verzögerungstaktik: Sie signalisieren, den Einwand verstanden zu haben und bitten darum, zunächst noch . . . dies und das . . . sagen, erklären, zeigen, fragen zu dürfen, was Sie dann auch sofort tun und was die ganze Sache möglichst voranbringt. In jedem Fall kommt das Gespräch zu einem anderen Punkt, der den vorherigen Einwand hoffentlich vergessen, nicht mehr interessant erscheinen läßt.

»Eine interessante Frage, kann ich aber zunächst noch einmal darauf hinweisen, daß . . . «

Die Vorteil-Nachteil-Methode: »Ich habe Sie doch richtig verstanden – bitte korrigieren Sie mich, wenn ich da irgendwie jetzt falsch bin – Sie meinen also: das Alter sei für diese Position von wichtiger Bedeutung.

Da gebe ich Ihnen natürlich recht. Der Vorteil eines jüngeren Kandidaten liegt bei . . . , der Nachteil eines älteren bei . . . Aus meiner Sicht ist der Vorteil eines älteren . . . , der Nachteil eines jüngeren aber nicht so gravierend, so daß ich hier den Standpunkt vertreten möchte: Der Vorteil eines jüngeren Kadidaten überwiegt doch ganz deutlich . . . und ist natürlich auch abhängig von andern Faktoren wie z. B. . . . «

Abwägen

Hier wird scheinbar der gebotene Einwand aufgenommen, Vor- und Nachteile werden abgewogen. Da Sie das selbst formulieren, liegt das Ergebnis in Ihrer Hand und ist damit gut steuerbar. Dies hilft, Ihre Position auszubauen, und in dem Beispiel führen Sie – nicht völlig uneigennützig – gleich weiter zu anderen argumentativen Positionen.

Das bringt uns unweigerlich zum Thema: Wie kommen Sie mit wirklich unangenehmen Fragen klar, wie verhalten Sie sich gegenüber Einwänden zu Ihrer Person?

Umgang mit unangnehmen Fragen

Welche Fragen fürchten Sie im Vorstellungsgespräch? Machen Sie sich vorab eine Liste unangenehmer Fragen (»Angstfragen«), und versuchen Sie, wie bei den anderen Themen auch, sich Antwortmöglichkeiten vorab zu überlegen.

Reagieren Sie z. B. sehr zurückhaltend auf die Vorstellungsgesprächsfrage

- **Was spricht gegen Sie als Bewerber für diese Aufgabe?**

Denken Sie daran, wie meisterhaft es Politiker verstehen, auf unangenehme Fragen zu antworten. Da wird z. B. die Frage nach der Erklärung für eine erdrutschartige Wahlniederlage damit beantwortet, daß man sich zunächst einmal ganz herzlich bei den Wählerinnen und Wählern sowie den vielen Helfern für die außergewöhnliche Unterstützung und das entgegengebrachte Vertrauen bedankt und sich dann beklagt, wie aggressiv der Wahlkampf doch von der Gegenseite geführt wurde.

Heben Sie an dieser Stelle – bei der Frage, was gegen Sie als Bewerber spricht – eher noch einmal hervor, was *für* Sie spricht, und bieten Sie nach theatralischem, wohlkalkuliertem Zögern ein, maximal zwei Punkte an, die aber nicht wirklich überzeugend gegen Sie sprechen.

Gut vorbereitet sein

Natürlich müssen Sie sich das vorher genau überlegt haben, damit Sie in so einer kritischen Situation den bestmöglichen Eindruck machen und nicht etwa unfreiwillig selbst den Stab über sich brechen (etwa nach dem Motto: »Ich glaube, Herr Direktor, ich bin einfach zu sensibel . . . «).

Standardeinwände gegen Bewerber sind: zu alt, zu jung, zu wenig erfahren, zu teuer, über- oder unterqualifiziert, zu lange am gleichen Arbeitsplatz, zu oft gewechselt, falsches Geschlecht, zu häufig krank (wird eher gedacht als ausgesprochen), zu kritisch, zu schüchtern, falsche (auch ehemalige) politische Überzeugung und/oder Parteizugehörigkeit usw. – mal eben das eine und dann auch wieder das genaue Gegenteil.

Mit dazu gehören auch Fragen wie:

- **Was würden Sie machen, wenn . . . ?**

Und dann folgen Horror- oder Katastrophenszenarien, fast unlösbare Aufgaben und Situationsbeschreibungen, die Sie nun mal eben so aus dem Stegreif lösen oder doch wenigstens bearbeiten sollen.

Was immer man gegen Sie einwendet (wenn überhaupt offen), es kommt darauf an, wie Sie damit umgehen. Manche Interviewer leiten einen solchen Provokationstest mit den Worten ein:

- **Was würden Sie sagen, wenn wir Ihnen den Arbeitsplatz nicht anbieten, weil . . .**

Hier empfiehlt sich etwa folgende Strategie: »Darauf würde ich Ihnen antworten, daß ich Ihr Argument einserseits verstehe, andererseits aber doch anführen oder bemerken möchte, daß . . .«

Gelassen sein und bleiben

Im Grunde genommen geht es bei einer derartigen Fragetechnik immer darum zu sehen, ob und wie Sie Gelassenheit bewahren und mit solchen Fragen, Bemerkungen und Feststellungen sachlich-professionell umgehen können.

Wirkliche Einwände gegen Ihre Person wird man nie direkt mit Ihnen diskutieren. Also ist das Ganze ein Teil des Gesamtschauspiels »Vorstellungsgespräch«, und Sie sollten an diesem Punkt nicht verzweifeln. Hier gilt es eher, Chancen zu nutzen, weil Sie ja nun wissen, worauf es eigentlich ankommt.

Trotzdem kann es auch sinnvoll sein, z. B. den Vorwurf, Sie hätten zu häufig gewechselt, einfach zu akzeptieren und nicht krampfhaft zu versuchen, sich herauszureden. Offenheit kann manchmal sehr entwaffnend wirken.

Das Streß-Interview

Gelegentlich werden Bewerbungsgespräche zum Teil als sogenanntes Streß-Interview angelegt.

Worum geht es: In einer Art Kreuzverhör konfrontiert man Sie mit einer Reihe von unangenehmen und unerwarteten Fragen, um Sie »in die Ecke zu treiben« und stark zu verunsichern. Alles ist darauf angelegt, Ihr Selbstbewußtsein zu erschüttern. Eine Lawine von unglaublichen Beschuldigungen, Sarkasmus, Zynismus, Ironie und hin und wieder ein Kompliment könnte Sie erwarten. Kompliment übrigens nur deshalb, damit Sie – eigentlich fast der Ohnmacht nahe – nicht einfach davonlaufen bzw. schlicht umkippen. Oft fehlt bei diesen Attacken jeder Bezug zum potentiellen neuen Arbeitsplatz.

Nach einer »Anwärmphase« – sie dient der Entspannung und der Bereitschaft, sich dem interviewenden Gesprächspartner zu öffnen – wird ganz gezielt versucht, Sie massiv unter Druck zu setzen.

Behauptet nun ihr Gegenüber im Gespräch, Ihre gesamten Angaben und Aussagen seien »geschönt« oder, noch krasser, »erstunken und erlogen«, man sollte doch jetzt einmal »Klartext miteinander reden«, ist dies möglicherweise der Gong zur ersten Runde.

Immer sachlich bleiben

Wie reagieren Sie darauf? Bloß nicht zu heftig. Bleiben Sie sachlich, gelassen, und warten Sie ab. Versuchen Sie, alle Fragen so knapp wie möglich zu beantworten, und stehen Sie auch unangenehme Schweigepausen durch, schweigen Sie mit. Dazu ein kleines Beispiel:

Interviewer: »Finden Sie eigentlich nicht auch, daß Sie für diese Position viel zu unerfahren sind, ohne ausreichende Kompetenz?«

Antwort: »Nein, da bin ich anderer Meinung.« (Und abwarten, nur nicht aus Verunsicherung, Verzweiflung anfangen zu argumentieren.)

Interviewer: »Ich habe den deutlichen Eindruck gewonnen, daß man in Ihrer Abteilung recht froh wäre, wenn Sie die Firma verlassen würden.«

Mögliche Antwort Ihrerseits: »Das ist Ihr subjektiver Eindruck. Ich weiß nicht, wie Sie dazu kommen. Ich sehe das anders.« (und STOP – nicht weiterplappern!).

Interviewer: »Sie haben sich doch jahrelang auf Ihrem letzten Posten vor der Lösung konkreter Probleme gedrückt. Wie glauben Sie denn jetzt, bei uns mit den hier auf Sie wartenden praktischen Aufgaben und den damit verbundenen Schwierigkeiten klarzukommen?«

Mögliche Antwort: »Ich teile nicht Ihre Einschätzung bezüglich meiner Erfahrung im Umgang mit konkreten Problemen, und was den Arbeitsplatz betrifft, traue ich es mir sehr wohl zu, die anstehenden Probleme konkret zu lösen.«

Interviewer: »Sie vermitteln den Eindruck, recht unbeherrscht und impulsiv zu sein. Das macht Ihnen doch sicherlich häufig Schwierigkeiten?«
Ihre mögliche Antwort: »Ich weiß nicht, wie Sie darauf kommen, aber damit habe ich in der Regel keine Schwierigkeiten.«
Interviewer: »Na sehen Sie, Sie sagen es selbst. In der Regel. Es gibt also doch Ausnahmen.«
Ihre mögliche Antwort: »Eigentlich nicht, aber wie Sie selbst sagen, Ausnahmen bestätigen die Regel. Jedenfalls im allgemeinen...«

Diese kleine und sicherlich unvollständige Dialog-Kostprobe sollte Ihnen kurz und knapp Tendenzen und Antwortmöglichkeiten aufzeigen. Ein geschulter Streß-Interviewer wird Ihnen kaum die Möglichkeit lassen, »unverletzt« aus so einer Situation herauszukommen.

Wenn Sie sich aber von vornherein darüber im klaren sind, daß diese Fragen nur der Provokation dienen, gezielt verletzen sollen, um Sie zum Äußersten zu bringen, dann können Sie entsprechend gelassen und defensiv reagieren. Sollten Sie das zu sehr übertreiben, also zu cool bleiben, wird es natürlich noch stärkere Provokationen von Seiten des Interviewers geben.

Abgrenzung

Möglicherweise erreicht das Gespräch – aber bitte nicht zu früh – einen Punkt, an dem Sie sich Frechheiten, Unterstellungen etc. von Ihrem Gegenüber in angemessener, aber noch immer relativ höflicher Form verbitten sollten. Es ist ab einem bestimmten Zeitpunkt notwendig, angemessen aggressiv (immer noch im Sinne von defensiv) zu reagieren, um damit auch zeigen zu können, daß man in der Lage ist, sich abzugrenzen.

Neben der gezielten Form, jemanden durch provokative und beleidigende Fragen zu kränken und aus der Reserve zu locken, versuchen manche Interviewer, den Bewerber durch extreme Passivität auflaufen zu lassen.

Lange Schweigepausen des Interviewers oder eine abwartende, desinteressierte Haltung soll

a) Sie in Zugzwang bringen, viel zu reden und damit möglichst etwas von sich zu erzählen und preiszugeben;

b) Ihr Verhalten – auch körpersprachlich (s.u.) – in einer Schweigesituation testen, Ihre Streßresistenz prüfen.

Auch Fragen wie

- **Wo sind Ihre größten Schwächen?** oder
- **Falls Sie überhaupt Freunde haben, wie kommen die eigentlich mit Ihnen klar?**

müssen Sie mit Gleichmut ertragen. Fängt man an, Ihnen Dummheit zu unterstellen, etwa nach dem Motto

- **Sie bewerben sich hier um eine Position – ist die nicht wirklich drei Nummern zu groß für Sie?**

dürfen Sie ruhig darauf hinweisen, daß man sich mit Ihnen nicht diese Mühe geben würde, wenn man von vornherein davon überzeugt gewesen wäre, Sie würden nicht in diese Position passen.

Noch ein Provokationsbeispiel:

»Eigentlich sitzen mir hier auf diesem Platz nur Leute gegenüber, die wirklich exzellente Leistungen aufzuweisen haben. Sie können in dieser Hinsicht nicht viel vorweisen. Sicherlich haben Sie andere Qualitäten, sonst hätten Sie sich ja wohl nicht bei uns beworben? Nun, die Zeit ist knapp, am besten Sie berichten mir etwas über sich. Ich werde Sie nicht unterbrechen.«

Mit scheinbarem Desinteresse umgehen lernen

Sogar auf so eine breite und offene Frage kann man sich vorbereiten. Sie sollten immer in der Lage sein, 10–15 Minuten den »Alleinunterhalter« zu spielen und dabei nicht zu langweilen. Das sind Sie sich einfach schuldig. Aber erwarten Sie bitte nicht ein interessiertes, begeistertes Gesicht von Ihrem Gegenüber. Der wird sich alle Mühe geben, furchtbar gelangweilt dreinzuschauen. Macht nichts, ein Streß-Interview eben!

Noch einmal zusammengefaßt: In einem Streß-Interview ist es das Hauptziel des Interviewers, Sie aus der Reserve zu locken, Sie zu provozieren, Ihr Verhalten in einer extremen Streßsituation zu testen. Es liegt bei Ihnen, wie weit Sie sich darauf einlassen, wie gut Sie vorbereitet sind und wie Sie mit so einer Situation umgehen wollen. Wichtig ist es, die Ruhe zu bewahren und gelassen zu bleiben, möglichst kurz und knapp zu antworten, aber nötigenfalls darauf hinzuweisen, daß es auch für Ihre Toleranz und Geduld Grenzen gibt. Schweigepausen oder -momente ertragen Sie in freundlicher Gelassenheit.

Abgrenzen können

Gleichwohl: Zeigen Sie, daß Sie sich abgrenzen können, verweigern Sie sich, und weisen Sie Intimfragen deutlich zurück. Denn: Lassen Sie alles widerspruchslos mit sich machen, bekommen Sie dafür keinesfalls Pluspunkte. Machen Sie klar, daß der Interviewer mit diesen Fragen über das Thema hinausschießt und Sie nicht gewillt sind, weiter darauf einzugehen. Bleiben Sie trotz aller Abgrenzung gelassen und relativ freundlich. Stehen Sie nicht einfach auf, verlassen Sie nicht den Raum, denn das würde man Ihnen als Niederlage, als Aufgeben und Flüchten ankreiden, der Job wäre für Sie verloren.

Und noch etwas: Unternehmen oder Personalberater, die dieses Verfahren praktizieren, sind für Sie möglicherweise nicht die richtige Arbeitsadresse. Machen Sie sich deutlich, was Ihnen unter Umständen erspart geblieben ist, wenn Sie auf einen Arbeitsplatz bei einem solchen Arbeitgeber verzichten.

Mißverstehen Sie andererseits nicht jede kritische Frage als den Beginn eines Streß-Interviews, und begegnen Sie Ihrem Interviewpartner nicht von vornherein mißtrauisch. Streß-Interviews sind Gott sei Dank nicht die Regel, eher eine Ausnahme. Ein normales Interview mit einem Streß-Interview zu verwechseln, kann Ihrem Arbeitsplatzwunsch ebenso abträglich sein, wie eine unangemessen angepaßte oder aggressive Haltung in einem wirklichen Streß-Interview.

Nach diesem Exkurs zu einer glücklicherweise relativ selten praktizierten Interviewform hier zunächst eine Zusammenfassung zum Thema unangenehme Fragen und Streß-Interview:

Gewappnet sein

Auf unangenehme Fragen müssen Sie vorbereitet sein. Sie selbst wissen am besten, was für Sie heikle, schwierige Fragen bzw. Themen sein könnten. Auch wenn Sie nicht alle Fragen vorwegnehmen oder vorbereiten können: Es kommt darauf an, eine generelle Beantwortungsstrategie und Umgangsweise für sich zu entwickeln, um mit diesen Themen gut fertigzuwerden.

Nicht sofort verkrampfen

Wichtig: Verwechseln Sie nicht gleich zwei, drei unangenehme Fragen mit der Situation eines Streß-Interviews, und grenzen Sie auch ab, was man unter juristisch unzulässigen Fragen versteht (dazu mehr ab S. 134).

Generell: Wer fragt, sollte auch eine Antwort bekommen. Bestimmen Sie aber, was Sie sagen, erzählen wollen. Lassen Sie sich nicht »verführen« oder dazu hinreißen, Dinge auszuplaudern, die Sie eigentlich nicht mitteilen wollten. Gehen Sie in schwierigen Situationen diplomatisch vor, bewahren Sie Haltung und Gelassenheit. Das Motto könnte lauten: Kontrollierte Spontaneität.

Kontrollierte Spontaneität

Es gibt sicherlich einige unangenehme Fragen, mit denen Sie im Vorstellungsgespräch konfrontiert werden könnten. Einen Teil haben wir Ihnen schon vorgestellt, Sie selbst wissen sicherlich weitere Fragen.

Hier noch einmal eine Kurzübersicht über unangenehme Fragen:

- Warum sollten wir Ihnen diese Position gerade nicht anbieten?
- Was spricht gegen Sie als Kandidat?
- Was sind Ihre Schwächen, Nachteile, Defizite?
- Was haben Sie alles in Ihrem (Berufs-)Leben trotz guter Vorsätze (noch) nicht erreicht?
- Ihr größter (beruflicher) Mißerfolg, Ihre größte Enttäuschung etc.?
- Was haben Sie daraus gelernt, welche Konsequenzen gezogen?
- Wovor fürchten Sie sich?

- Was kann Sie so richtig ärgerlich machen?
- Was mögen Sie nicht, schätzen Sie bei . . . nicht, haben Sie Schwierigkeiten mit . . . (bei der Arbeit, am Arbeitsplatz, tätigkeits- und personenbezogen bei Kollegen, Mitarbeitern, Vorgesetzten, sich selbst)?
- Stellen Sie uns aus Ihrer beruflichen Laufbahn (aus Ihrem Werdegang, Leben) Negativ-(Anti-)Vorbilder vor, und erklären Sie . . .
- Was würden Sie in Ihrem (Berufs-)Leben anders machen, wenn Sie es könnten (wenn Sie noch mal von vorn anfangen könnten)?
- Was wollen Sie wann und wie (beruflich) in Ihrem Leben erreicht haben?
- Was sind Ihre persönlichen (beruflichen) Ziele, Ihr Motto (bis hin zum Sinn des Lebens)?
- Wie definieren Sie für sich die Begriffe Verantwortung, Schwäche, Leistung etc.?
- Wie sollte Ihr Stellvertreter sein?
- Worin sollte er Sie ergänzen? Was sollte er haben, vorweisen, was Sie nicht haben?
- Was machen Sie, wenn wir Sie nicht nehmen?
- Was würden Sie tun, wenn Sie nicht mehr arbeiten müßten?

Trainieren Sie

Natürlich könnten Ihnen auch positiv gefärbte und formulierte Fragen durchaus Schwierigkeiten machen: z. B. nach Ihren persönlichen Vorbildern, Ihrem größten Erfolg, was Sie auszeichnet usw. Und auch die sich daraus ergebenden Nachfragen (warum? wieso?) können es in sich haben.

Mittels unseres Fragenkatalogs haben Sie jetzt jedenfalls gute Trainingsmöglichkeiten.

Beachten Sie auch unsere Empfehlungen ab Seite 210 ff. zum

argumentativen Vorgehen. Aber nicht nur die Worte spielen im Vorstellungsgespräch eine Rolle . . .

Die Körpersprache

Wie viele Sprachen beherrschen Sie? Ihre Muttersprache, Fremdsprachen – sehr schön. Viele Personalchefs und Taschenpsychologen glauben, die Körpersprache zu beherrschen, oder besser: zu verstehen. Der Körper lügt angeblich nicht (übrigens: Lügen haben kurze Beine). Erhobener Zeigefinger, hochgezogene Augenbrauen, gerümpfte Nase und eine in Falten gelegte Stirn sprechen eine deutliche Sprache. Wer die Hände im Schoß faltet oder hinter dem Kopf verschränkt, gibt seiner Umwelt bewußt oder unbewußt Signale. Nur welche, das ist hier die Frage.

Sie senden Signale

Personalauswähler hantieren gerne mit Listen, aus denen sie schnell ablesen können, was eine bestimmte Haltung, Geste, Mimik usw. angeblich für eine Bedeutung hat – auf ähnlich düsterem Niveau wie die diversen Traumdeutungsbücher, die einem angeblich aufs Stichwort verraten, was der Traum der vergangenen Nacht bedeutet.

Im wesentlichen geht es um

- Blickverhalten
- Mimik
- Gesten
- Körperhaltung
- Sprechweise
- Geruch

Interpretationen kennen

Nicht nur was Sie sagen, sondern besonders das *Wie* ist nicht ganz zu Unrecht Anlaß für Interpretationen und damit Orientierungs- und Entscheidungshilfe. Das trifft vor allem für das Vorstellungsgespräch zu. Ein Bewerber, der mit zitternden Händen und Schweißperlen auf der Stirn unruhig hin und her schaukelnd berichtet, wie er ein neues Außendienstabrechnungssystem entwikkelt und durchgesetzt hat, wirkt nun einmal nicht sehr überzeugend.

Schön wäre es ja schon, wenn man den Leuten von der Nasenspitze ablesen könnte, ob sie gerade etwas übertreiben, flunkern, faustdick lügen oder bei der Wahrheit bleiben. Diese ist übrigens immer subjektiv, und von allem stimmt ja auch stets das Gegenteil.

Körpersignale

In einem Fachtext für Personalbeurteiler werden acht Merkmale angeboten, die aufgrund von Körpersignalen zu beurteilen seien:

1. die Gepflegtheit, der gesamte äußere Eindruck
2. gute Manieren, Verhalten, Benehmen (z. B. im Restaurant)
3. die Kontaktfähigkeit
4. die Dominanz, der Führungsanspruch
5. Vitalität, Dynamik, Extravertiertheit
6. die körperliche Verfassung und Belastbarkeit
7. die nervliche Belastbarkeit
8. die Selbstsicherheit

Negatives auf den Punkt gebracht: Eine amerikanische Personalberatungsfirma hat 200 Vorstellungsgespräche ausgewertet, in denen die Bewerber gescheitert sind. Die Analyse ergab sechs Aspekte, die für den Mißerfolg verantwortlich zu machen waren:

1. Keine überzeugende äußere Erscheinung, unpassende Kleidung bzw. ungepflegtes Äußeres.
2. Mängel in der Fähigkeit, die eigene Meinung deutlich zum Ausdruck zu bringen.
3. Mängel in der Fähigkeit, die eigene Person weitgehend objektiv darzustellen.
4. Unzureichende Ausstrahlung von Selbstvertrauen und Begeisterungsfähigkeit.

5. Zu starke Kritik an früheren Arbeitgebern.
6. Zu häufiger Stellenwechsel.

Erneut wird deutlich, daß »der Faktor Persönlichkeit« entscheidend ist: Die ersten fünf Ablehnungsgründe hängen eindeutig mit »Persönlichkeitsmängeln« zusammen.

Positives auf den Punkt gebracht: Die folgenden Persönlichkeitsmerkmale sind für Ihren Erfolg im Vorstellungsgespräch von besonderer Relevanz:

Auftreten
Ausstrahlung

Autorität
Integrität

Selbstsicherheit
Glaubwürdigkeit
Lebendigkeit

Begeisterungsfähigkeit
Entschlossenheit
Bestimmtheit

Rücksicht
Einfühlungsvermögen
Verständnis

(angemessene) Vertrautheit

Das Wichtigste zusammengefaßt

Eine ungefähre Einschätzung ihres Gegenübers aufgrund von Basiskenntnissen der psychoanalytischen Charakterlehre ermöglicht es Ihnen, sich flexibel auf Eigenarten Ihres Gesprächspartners einzustellen. Machen Sie sich bewußt, daß jeder Mensch in Gesprächssituationen unbewußt dazu neigt, Gefühle, Einstellungen und Verhaltensweisen aus der Vergangenheit (Kindheit) zu wiederholen (Stichwort *Übertragung*). Wenn Sie sich vorab mit für Sie unangenehmen Fragen auseinandergesetzt haben und bei der Beantwortung rhetorische Grundregeln beherzigen, sind Sie kaum wirklich in Verlegenheit zu bringen. Dabei ist das Zuhören und scheinbar bedächtige Abwägen Ihrer Antwort genauso wichtig wie die klaren Kommunikationsziele im Kopf, warum Sie 1., 2., 3. der ideale Kandidat sind.

Auf den Punkt gebracht: Worum geht es im Vorstellungsgespräch?

Neben der inhaltlichen Beantwortung der Fragen in den 10 Phasen stehen folgende 10 Beurteilungskriterien mit ihren verschiedenen Aspekten im Mittelpunkt:

- Wie sind äußere Erscheinung, Auftreten und Umgangsformen?
- Welche charakterlichen Merkmale zeichnen den Bewerber aus?
- Welche (Leistungs-)Motivation liegt der Bewerbung zugrunde?
- Welche Führungsqualitäten sind evtl. vorhanden?
- Über welche berufliche und soziale Kompetenz wird verfügt?
- Wie stark ist die Bereitschaft zu Kooperation und Teamarbeit?

- Wie ist die intellektuelle Leistungsfähigkeit/Auffassungsgabe?
- Wie gut ist das sprachliche Ausdrucksvermögen und die Kommunikationsfähigkeit?
- Wie ist das zu erwartende Gesamt-Arbeitsverhalten?
- Paßt der Bewerber zu Unternehmen/Institution/Team?

Müßten wir es noch komprimierter ausdrücken, dann wären dies die drei entscheidenden Aspekte und Kriterien, unter denen Bewerber ausgewählt werden: Persönlichkeit, Leistungsmotivation und Kompetenz.

Persönlichkeit haben Sie. Um Sympathie aufkommen und entstehen zu lassen, kann man sich, ja sollten Sie sich aktiv bemühen.

Ihre Leistungsmotivation müssen Sie glaubhaft vermitteln. Dafür gibt es in Ihrem Berufsleben bestimmt Beweise.

Kompetenz lassen Sie sich am besten attribuieren. Das trifft sicherlich bereits auch schon für Ihre Leistungsmotivation zu, in besonderem Maße aber für Ihre fachliche Kompetenz. An diesem Punkt können Sie sich am meisten zurückhalten. Hier ist weniger mehr, schließlich lädt man sich keinen Idioten ein und beschäftigt sich ausgiebig mit ihm.

Die Nachbereitung

Nach-denken

Nach der Schwerstarbeit Vorstellungsgespräch haben Sie eine Belohnung verdient – unabhängig, wie das Ganze für Sie gelaufen ist. Lassen Sie sich verwöhnen, oder tun Sie sich selbst etwas Gutes. Sie brauchen neue frische Kräfte für eine eventuelle nächste Runde. Und die kommt unweigerlich auf Sie zu, wenn Sie Ihre Chancen ernsthaft wahrnehmen wollen.

Nachdenkenswert: Sie als Arbeitskraftvergeber haben zwar schon im Vorstellungsgespräch Ihre Fragen an das Unternehmen gestellt, aber wie sieht es denn mit den anderen Punkten aus: Mit welchen Persönlichkeitsstrukturen sind Sie bei Ihren potentiellen Vorgesetzten konfrontiert? Was könnte deren Motivation sein - allgemein, bezogen auf das Unternehmen, bezogen auf Sie? Wie schätzen Sie die menschliche und fachliche Kompetenz Ihrer Gesprächspartner, des Unternehmens ein? Schwant Ihnen da etwas? Blühen da etwa die Neurosen (s. S. 224)?

Fragen und Antworten

Mit der Ausgangposition ihres Gegenübers hatten Sie sich ja bereits vorab beschäftigt, ebenso wie mit der Informationsrecherche zur möglichen Arbeitsaufgabe, zu Position und Branche. Was läuft da wirklich, was hat man mit Ihnen vor? Wie ist man mit Ihnen umgegangen, wie sind Sie angesprochen worden, wie wurden Ihre Fragen beantwortet?

Und nicht nur Sie sind »gemustert« worden (Schuhe, Schmuck, Krawatte, Frisur), auch das Unternehmen und seine Repräsentanten haben ein Äußeres. Welcher Verkleidungsstil kennzeichnet das Unternehmen, und wie ist man vor Ort ausgestattet? Wie sind die Wände dekoriert, wie ist der Fußbodenbelag, was steht bei Ihrem Gesprächspartner auf dem Schreibtisch, und welche Bildchen oder Sprüche hat die Sekretärin an der Wand? (»Als Gott die Gehälter der Mitarbeiter dieses Raumes sah, drehte er sich um und weinte bitterlich.«)

In welchem Zustand ist das Mobiliar, und welcher technische

Standard ist bei der Bürokommunikation erreicht? Welche Größe haben die Räume, wie gestaltet sich der Blick nach draußen?

Ihre Eindrücke

Wie sieht es einige hundert Meter vor dem »Tatort« Ihres »Bühnenvorstellungsauftrittes« aus? Brüllen sich die Mitarbeiter auf dem Flur an? Grüßt man sich und Sie (»Mahlzeit«)? Riecht man die Kantine im ganzen Haus, oder stinkt es aus der Toilette? Überhaupt: Wie ist die »Kultur« an diesem Örtchen? Wie – entschuldigen Sie bitte den Assoziationsverlauf – ist die allgemeine Unternehmenskultur?

Sie sehen schon (bzw. hören, riechen, schmecken - z. B. in der Kantine): Das alles sind wichtige Orientierungspunkte, die Ihr Vorwissen und Ahnen über den potentiellen Arbeitgeber entscheidend ergänzen, abrunden. Damit tragen Sie wesentlich zu Ihrer Entscheidung bei, ob Sie Ihre Lebenszeit und Arbeitskraft hier investieren sollten oder besser nicht.

Denken Sie an Ihren jetzigen Arbeitsplatz und daß es Ihre ursprüngliche Intention war, sich zu verbessern.

Nach-bearbeiten

Wir wissen nicht, was Frau Lot sah, als sie sich umdrehte, und auch Herr Lot konnte diesbezüglich keine präzisen Angaben machen. Wir jedoch empfehlen Ihnen nach einem Vorstellungsgespräch auf jeden Fall einen Blick zurück, wenn auch nicht im Zorn.

Wie ist das Vorstellungsgespräch gelaufen? Mit welchen Fragen haben Sie gerechnet, mit welchen nicht? Was ist Ihnen gelungen, was weniger? Was könnten Sie jetzt mit mehr Gelassenheit und Nachdenkzeit besser beantworten? Worauf müssen Sie sich beim nächsten Mal intensiver vorbereiten? Was haben Sie aus all dem gelernt?

Das Gedächtnisprotokoll

Zu diesen wichtigen Nachbereitungsaktivitäten gehört vor allem die Erstellung eines möglichst ausführlichen Gedächtnisprotokolls des gesamten Gesprächsablaufes inklusive aller Personen und deren Namen, die Ihnen begegnet sind. Wenn Sie wissen, wie die Sekretärin des Personalchefs heißt, können Sie diese beim nächsten Telefonat persönlich ansprechen. Vielleicht hilft's, und Sie bekommen durch Ihre nette Ansprache den großen Chef persönlich ans Telefon, obwohl seine Sekretärin ansonsten generell alle Anrufer an diesem Tag abwimmelt.

Hoffentlich haben Sie am Ende Ihres Vorstellungsgesprächs eine Information erbeten bzw. erhalten, wie und wann der Entscheidungsprozeß weitergeht. Natürlich müssen Sie jetzt erst einmal einige Tage abwarten und sehen, ob sich etwas tut. Es sei denn, Sie haben etwas anderes vereinbart. Üben Sie sich in Geduld, und fragen Sie nicht vor Ablauf einer Frist von fünf bis maximal sieben Tagen telefonisch nach, was aus Ihrer Bewerbung geworden ist.

Sollten Sie allerdings vier Wochen verstreichen lassen, ohne sich interessiert zu zeigen und nachzufragen, wird das sehr wahrscheinlich gegen Sie ausgelegt. Eine von Ihrem Gesprächspartner zu verantwortende lange Wartezeit spricht aber auch gegen Ihren potentiellen Arbeitgeber – denn: Man läßt Kandidaten nach einem Vorstellungsgespräch nicht längere Zeit ohne Zwischenbescheid im unklaren.

Nach-fassen

Der individuelle Nachfaßbrief

Zu den besonderen Tricks, sich als Bewerber von anderen deutlich abzuheben, gehört der Nachfaßbrief. Ein bis maximal drei Tage nach Ihrem Auftritt abgeschickt, wird dieses Schreiben Ihren Gesprächspartner (deshalb sind Namen so wichtig!) veranlassen, sich erneut mit Ihnen zu beschäftigen. In diesem Brief bedanken Sie sich nicht nur für das interessante Gespräch, sondern knüpfen an das an, was offen geblieben ist, was Sie noch nachtragen möchten etc.

Im wesentlichen geht es darum, mit dieser Aktion (eine Seite reicht vollkommen aus, evtl. sogar handschriftlich) deutlich zu machen, daß Sie sehr interessiert bzw. motiviert sind, verstanden haben, worum es geht, und gerne bereit sind, das wunderbare, inhaltsvolle Gespräch (bitte, das meinen wir jetzt ironisch!) jederzeit weiter fortzusetzen, daß Sie am liebsten aber natürlich Ihre ganze Arbeitskraft für das Unternehmen einsetzen wollen.

Sie können Ihre Chancen verbessern

Achtung: Machen Sie so etwas plump oder gar blöd (vielleicht auch nur ungeschickt oder langweilig) und ist das Vorstellungsgespräch eher schwer und schleppend verlaufen, gewinnen Sie nichts (logo, vielleicht gehörten Sie ja bereits schon nicht mehr in die engere Kandidatenwahl). Gelingt es Ihnen aber, nach einem gut verlaufenen Gespräch, in dieser Brief-Aktion intelligent »einen draufzusetzen«(s. Beispiel S. 106), verbessern Sie Ihre Chancen, unter die ersten drei Plätze (wenn nicht gleich an die Spitze) zu kommen.

Dabei kann es sich sogar lohnen, maßgeschneiderte, individuelle Briefe an die unterschiedlichen Hauptakteure des Vorstellungsgesprächs zu schicken. Wir denken dabei an den Personalchef bzw. seinen Vertreter auf der einen und den Fach-Abteilungsleiter bzw. den unmittelbaren Vorgesetzten auf der anderen Seite, wenn Sie deren Bekanntschaft gemacht haben. Bisweilen tut es aber auch ein einzelner Brief an den potentiellen zukünftigen Chef.

Daß hier in diesem Brief allergrößte Sorgfalt an den Tag gelegt und die Verkaufsbotschaft sorgfältig abgewogen werden muß, versteht sich eigentlich von selbst. Worum kann es in so einem Schreiben gehen, und was ist zu berücksichtigen?

1. Sie danken Ihrem Gesprächspartner für Zeit und Interesse.
2. Sie arbeiten noch einmal die drei wichtigsten »Verkaufsargumente« heraus, die für Sie sprechen und von denen Sie annehmen können, daß der Briefempfänger diese wertzuschätzen weiß. Dieser von Ihnen wohlformulierte Briefabsatz wird Sie vor dem geistigen Auge Ihres potentiellen Arbeitgebers neu aufleben lassen und als wichtigen und ernstzunehmenden Kandidaten weit vorne ins Bewußtsein heben.
3. Setzen Sie etwaigen Negativeindrücken bzw. Mankos, die im Vorstellungsgespräch offensichtlich geworden sind, etwas entgegen, räumen Sie z. B. ein, daß Ihre Erfahrungen auf dem Sektor XY noch nicht so fundiert sind, Sie jedoch aufgrund von

. . . meinen, Sie hätten etwas anzubieten. Vermeiden Sie jedoch, alles rechtfertigen zu wollen oder sogar neue gravierende Negativmerkmale zu »betonieren«. Führen Sie dabei keine negativen Aspekte an, die Ihr Gegenüber übersehen, vergessen oder als irrelevant eingeschätzt haben könnte. Wiederholen Sie auch keine Schwachpunkte, denen Sie nicht wirklich etwas entgegenzusetzen wissen.

4. Als positiver Abschluß des Briefes könnte Ihnen ein gut formulierter Absatz dienen, der einen neuen, zusätzlichen Kompetenzaspekt in Bezug auf die angestrebte Position beinhaltet und im Vorstellungsgespräch noch nicht von Ihnen herausgestellt werden konnte.

Aus gutem Grund wollen wir hier von detaillierten Formulierungsvorschlägen für den Nachfaßbrief absehen. Sie können Ihrer Phantasie, Ihrer Kreativität freien Lauf lassen, ohne daß Sie befürchten müssen, Mitbewerber würden ähnliche Texte aufsetzen.

Das zweite Vorstellungsgespräch

Bewerber, die nach der ersten Vorstellungsrunde in die engere Wahl kommen, werden in der Regel zu einem zweiten, manchmal sogar zu einem dritten Gespräch eingeladen. Hier geht es darum, offen gebliebene Fragen ausführlich abzuklären, noch einen besseren persönlichen Eindruck zu bekommen und Sie als Kandidaten Ihren potentiellen Kollegen vorzustellen, um ggf. auch deren Meinung mit zu berücksichtigen.

Geschickte Gesprächsführung Ihrerseits, neue interessante Fragen, Ihre angemessen zunehmende Bereitschaft, etwas mehr von Ihrer Privatseite zu zeigen, können Ihre Position im kleinen Kreis der wichtigsten Bewerber stärken. Jetzt geht man schon mehr in die wirklichen Details, und sehr bald ist auch der Zeitpunkt erreicht, an dem die Gehaltsfrage intensiver erörtert wird.

Es geht ums Geld

Oftmals werden erst jetzt in dieser zweiten Runde die Arbeitsbedingungen und Gehaltswünsche richtig verhandelt. Seien Sie also informiert, was man für die Position, für die Sie sich bewerben, in der Regel an Gehalt erwarten kann. Je nachdem, welche Qualifikation, vielleicht sogar Vorerfahrung Sie einbringen und welche zukünftige Leistung Sie glaubwürdig in Aussicht stellen, werden sich Ihre Gehaltswünsche realisieren lassen.

Zeigen Sie aber auch bei den Gehaltsverhandlungen Besonnenheit, und vermitteln Sie nicht den Eindruck, daß es Ihnen nur ums Geld geht. Beide Seiten – Arbeitgeber und Arbeitnehmer – müssen einen tragbaren Kompromiß in der Gehaltsfrage finden. Vereinbaren Sie z. B., daß nach einer Einarbeitungsphase (halbes/dreiviertel Jahr) Ihr Gehalt automatisch um x Prozent angehoben wird.

Verdeutlichen Sie sich und Ihrem Arbeitgeber in jedem Fall: Sie sind nicht bereit, Ihre Arbeitsleistung unter Wert zu »verkaufen«. Den richtigen Preis für Ihre Leistung zu bestimmen ist eine Aufgabe, die mit zu den wichtigen Vorüberlegungen gehört. Daß es da unterschiedliche Auffassungen geben kann, liegt in der Natur der Sache.

Sympathie ausbauen

Ziel eines zweiten Vorstellungsgespräches ist es, unter der reduzierten Gruppe von Bewerbern (in der Regel zwei bis vier Kandidaten) durch intensives Fragen noch mehr Informationen zu bekommen. Dabei geht es um die Überprüfung, ob der Sympathiebonus, den sich der Bewerber im ersten Gespräch erworben hat, standhält und verstärkt wird. Eine gezielte Hinterfragung kann den Bewerber durchaus in Verlegenheit bringen, so daß er sich in dieser Streßsituation dann eventuell von einer besonderen, negativen Seite zeigt. Seien Sie also auf diese Aspekte eingestellt und auf der Hut.

Zum Umgang mit Absagen

Sie hatten eine Einladung zum Vorstellungsgespräch und die Gelegenheit, das Unternehmen und seine Repräsentanten kennenzulernen. Auf Unternehmensseite wollte man Sie kennenlernen. Für den Fall, daß das Ergebnis eine Absage beinhaltet – egal von welcher Seite – bitte bedenken Sie folgendes:

Lebenslange Anpassungsleistungen

Bewerbungssituationen und insbesondere Vorstellungsgespräche sind klassische Prüfungssituationen, die uns im Grunde genommen »lebenslänglich« begleiten. Prüfungen sind Rituale, in denen eine Anpassungsleistung gefordert wird. Meistens handelt es sich um Initiationsriten, deren erfolgreiches Über- und Bestehen mit der Prämie eines Ein- und/oder Aufstieges honoriert wird (z. B. von der Auszubildenden zur Angestellten, von der Sachbearbeiterin zur Abteilungsleiterin, vom Arbeitsplatzsuchenden zum Mitarbeiter).

Prüfungen und Initiationsriten sind Ausdruck des ewigen Kampfes der Generationen (E. Stengel) und der Auseinandersetzung zwischen den Mächtigen und den Machtlosen in der Gesellschaft (vergl. O. Fenichel: *Aufsätze,* Bd. II, Olten, Freiburg 1981, S. 166). Bei Frauen, die sich in der Mehrzahl in der Bewerbungssituation mit Männern als Arbeitsplatzvergebern konfrontiert sehen, kommt noch der »Kampf der Geschlechter« hinzu.

Wer Bewerbungsrituale, Auswahlprozeduren und Vorstellungsgespräche »erfolgreich« überstanden hat, bietet gute Gewähr, an die herrschenden Normen angepaßt zu sein und auch in Zukunft nicht aufzumucken.

So gesehen ist das ganze Leben eine Art Prüfung, ein Kette von Anpassungsleistungen und somit auch Bewerbungssituationen. Da ist unsere erste Vorstellung direkt nach der Geburt, da haben wir später um den einen oder anderen Liebespartner geworben, und der möglicherweise letzte Auftritt vor dem »großen Boß«, unser Rechenschaftsbericht, dient ebenfalls der Prüfung, der Selektion in Richtung »Himmel oder Hölle«.

Gegenstand dieses Buches waren nicht die zahlreichen schulischen oder Berufsausbildungs-Abschlußprüfungen, sondern die besondere Berufseingangsprüfung Vorstellungsgespräch.

Dabei haben wir uns bemüht, Ihnen in diesem Buch das Knowhow für das erfolgreiche Überstehen dieser Prüfung (= Anpassungsleistung), die Erfüllung der gesetzten Normen zu vermitteln.

Was wollen Sie?

An dieser Stelle wollen wir nochmals zu bedenken geben, daß jede/r für sich selbst überprüfen und entscheiden muß, wie weit sie/er in ihrer/seiner Anpassungsbereitschaft und damit auch Anpassungsleistung in einer Bewerbungssituation gehen will. Diese muß sich um der Zielerreichung willen lohnen. Lohnt sie sich wirklich? Dies ist die Frage, die Sie sich selbstkritisch immer wieder stellen müssen. Vergessen Sie nicht, daß sich in der Prüfungssituation Vorstellungsgespräch die Prüfer ebenfalls auf dem Prüfstand befinden. Auch Sie als BewerberIn haben das Recht und die Pflicht zu prüfen, speziell was die Neurosen der Chefs anbetrifft . . . (s. S. 183 ff.).

Was immer die Gründe für eine etwaige Absage sein mögen: Es muß nicht an Ihnen liegen. Bedenken Sie, was Ihnen bei dem Unternehmen vielleicht erspart geblieben ist. Bewerben Sie sich weiter, geben Sie auf keinen Fall auf, und verdeutlichen Sie sich immer:

Wir sind nicht auf der Welt, um so zu sein, wie andere uns haben wollen.

Das Wichtigste zusammengefaßt

Die Leistung Vorstellungsgespräch bedarf einer fast ähnlich guten Nachbereitung wie Vorbereitung. Nach-denken, Nachbearbeiten und schließlich Nach-fassen sind die drei entscheidenden Schritte in Richtung Zielgerade.

Besonders die Nachbereitung soll ja auch einem eventuell folgenden Zweitgespräch dienen oder weiteren Vorstellungseinladungen – als probates Mittel der Vorbereitung. Nun schließt sich die Kette (ähnlich wie beim Käse, der bekanntlich den Magen öffnen wie auch schließen kann). Bevor es aber zu einer Essenseinladung kommt, muß noch die vertiefende, klärende zweite Vorstellungsgesprächsrunde absolviert werden. Hier geht es deutlich noch mehr »zur Sache« und auf Konfrontation mit Ihnen als Bewerber. Dies alles dient dazu, den positiven sympathischen Ersteindruck in einer Art verschärftem Verhör einem Härtetest zu unterziehen. Jetzt kommt es darauf an: Springen Sie über die Klinge oder erfolgreich durch den brennenden Reifen?

Worüber Sie dann beim Essen parlieren, hat mehr Einfluß auf die Unterschriften Ihres Arbeitsvertrages, als gemeinhin geglaubt wird. Gekonnter Party-Small talk will eben auch gelernt sein.

Für den Fall der Fälle – nämlich daß Ihnen die Felle davonschwimmen, halten Sie es mit Woody Allen: Ich möchte nicht in einer Firma Mitarbeiter sein, die Leute wie mich einstellt.

Merksätze

Die häufigsten Fehler und wie Sie diese vermeiden

- Ein Kardinalfehler von Bewerbern ist die unzureichende Vorbereitung auf die Prüfungssituation Bewerbung.
- Die innere Vorbereitung – die richtige Einstellung zur Einstellung – ist ein entscheidender Faktor.
- Es ist nicht leicht, aber sehr wichtig, vorab herauszufinden, wer man ist, was man kann, was man will und was möglich ist.
- Sie müssen wissen, was Sie in Ihren Bewerbungsunterlagen über sich und Ihr Anliegen vermitteln wollen.
- Recherchieren geht vor Probieren. Wer mehr über den Adressaten seiner Bewerbung weiß, ist eindeutig im Vorteil.
- Arbeitsplatzsuche und Sich-Bewerben ist Schwerstarbeit.
- Die Essentials sind Ihre Persönlichkeit, Leistungsmotivation und Kompetenz.
- Der Einsatz des Mediums Telefon kann sehr hilfreich sein für die Informationsnachfrage, die Bedarfsklärung, die Nachfaßaktion.
- Ein Bewerbungsanschreiben ist mindestens ein Tageswerk; ein Lebenslauf nicht weniger.
- Form- und Inhaltsfehler im Bewerbungsanschreiben sind meistens der Grund, warum Bewerber nicht zum Vorstellungsgespräch eingeladen werden, nicht etwa deren mangelnde Eignung. Ganz besonders in diesen Zeiten kommt es auf die Verpackung, auf die gelungene Präsentation an. In der Kürze liegt die Würze.
- Ein gutes Foto sagt mehr als tausend Worte.
- Auch die sogenannten Anlagen sind mit größter Sorgfalt auszuwählen. Klasse statt Masse.
- Vergessen Sie nie: Es geht um Werbung in eigener Sache, um Ihr »Produkt« Arbeitskraft.
- Selbstdarstellung will geübt sein. Auch ein Schauspieler muß seine Rolle gut einstudieren, muß sich vorbereiten und üben.

- Die Fragen des Vorstellungsgespräches stehen vorher bereits fest. Überlegen Sie sich vorab Ihre Antworten und die Tendenz Ihrer Präsentation.
- Bereiten Sie sich gezielt auf Ihr Gegenüber vor (Person, Institution, Aufgabe).
- Als Bewerber sollten Sie wissen, was und wie Sie etwas sagen wollen. Insbesondere aber muß Ihnen klar sein, was Sie nicht sagen wollen und wie Sie mit Worten schweigen.
- Es geht im Vorstellungsgespräch primär um Sympathie, Leistungsmotivation und Kompetenz. Sympathie müssen Sie gewinnen, Leistungsmotivation und Kompetenz werden Ihnen attribuiert.
- Verdeutlichen Sie sich: Sie bestimmen den Vorstellungs-Gesprächsverlauf weitestgehend mit.
- Angemessene, selbstbewußte Gelassenheit und höfliche Konzentration kennzeichnen einen erfolgreichen Bewerber.
- Das per Grundgesetz geschützte Persönlichkeitsrecht setzt dem Fragerecht des Arbeitgebers Grenzen. Wo er es überschreitet, dürfen Sie ungestraft lügen.
- Es gibt keine unangenehmen Fragen im Vorstellungsgespräch, wenn Sie die richtige Einstellung haben, gut vorbereitet sind und somit angemessen antworten können.
- Was immer man in der Gesprächssituation gegen Sie einwendet, es kommt darauf an, wie Sie damit umgehen.
- Sprechen Sie nie negativ über ehemalige Vorgesetzte, Kollegen oder Arbeitsplatzbedingungen.
- Hier die wichtigsten 10 Bewerber-Verhaltensregeln für das Frage- und Antwort-»Spiel«:
  - Hören Sie aufmerksam und konzentriert zu
  - Halten Sie angemessenen Blickkontakt
  - Beobachten Sie genau (ohne zu mustern)
  - Überlegen Sie, bevor Sie antworten, nehmen Sie sich die Zeit
  - Scheuen Sie sich nicht, nachzufragen
  - Reden Sie lieber etwas weniger als zuviel
  - Lassen Sie Ihren Gesprächspartner (aus-)reden

  - Warten Sie ab, stehen Sie auch mal eine kleine Gesprächspause durch
  - Seien Sie lieber etwas zu zurückhaltend als zu forsch
  - Beherschen Sie Ihre Gestik und Mimik
  - Bleiben Sie immer sachlich, ruhig, geduldig und gelassen.
- Versuchen Sie nicht, perfekt zu erscheinen, räumen Sie auch ruhig mal ein, etwas nicht zu wissen, getan oder bedacht zu haben. Präsentieren Sie sich auf keinen Fall rechthaberisch oder kleinkariert.
- Ausdauer, Geduld und Gelassenheit sind die wichtigsten Eigenschaften im Bewerbungsmarathon.
- Bedenken Sie: Wir sind nicht auf der Welt, um so zu sein, wie andere uns haben wollen.